DUTY RELATED CRIMES

金融领域职务犯罪

办案策略及心理攻防
典型案例解析

卓 翔·主编
陈新星 安鸿鹏·副主编

法律出版社
LAW PRESS·CHINA
——— 北京 ———

图书在版编目（CIP）数据

金融领域职务犯罪办案策略及心理攻防典型案例解析 / 卓翔主编；陈新星，安鸿鹏副主编. -- 北京：法律出版社，2025.4. -- ISBN 978-7-5244-0007-3

Ⅰ. D924.335

中国国家版本馆 CIP 数据核字第 20250M42T9 号

| 金融领域职务犯罪办案策略及心理攻防典型案例解析
JINRONG LINGYU ZHIWU FANZUI BAN'AN CELÜE
JI XINLI GONGFANG DIANXING ANLI JIEXI | 主　编 卓　翔
副主编 陈新星　安鸿鹏 | 责任编辑 孙　慧
装帧设计 李　瞻 |

出版发行	法律出版社	开本	710 毫米×1000 毫米 1/16
编辑统筹	司法实务出版分社	印张	16.75　　字数 170 千
责任校对	王晓萍	版本	2025 年 4 月第 1 版
责任印制	胡晓雅	印次	2025 年 4 月第 1 次印刷
经　　销	新华书店	印刷	固安华明印业有限公司

地址：北京市丰台区莲花池西里 7 号（100073）

网址：www.lawpress.com.cn　　　　　　　　销售电话：010-83938349
投稿邮箱：info@lawpress.com.cn　　　　　　客服电话：010-83938350
举报盗版邮箱：jbwq@lawpress.com.cn　　　　咨询电话：010-63939796
版权所有·侵权必究

书号：ISBN 978-7-5244-0007-3　　　　　　　定价：68.00 元

凡购买本社图书，如有印装错误，我社负责退换。电话：010-83938349

序　言

金融是现代经济的血脉，其健康运行关乎国家命脉。在金融创新浪潮与市场深度变革的交织下，金融领域职务犯罪正以"隐形化渗透、专业化操作、链条化协作"的三维进化态势，对现行防控体系构成严峻挑战。如何穿透层层伪装、精准定性犯罪、有效防控风险，成为法律工作者、金融从业者以及监管者面临的重大课题。

本书汇聚了金融犯罪领域的专家学者和实务工作者的智慧与经验，通过对银行、保险、证券、期货等领域一系列典型金融犯罪案例的深入剖析，揭示了犯罪者的心理动机、作案手法以及案件侦破的关键所在，特别注重揭示新型犯罪手法的演化逻辑，这些变迁既是犯罪者规避监管的"技术升级"，更是法律人必须直面的实践挑战。为此，我们不仅详解每个案件的办案要点，更力求为读者提供兼具操作性与思辨性的办案指南。为读者提供了一幅幅生动的犯罪画像和办案图谱。

全书以36个典型案例为经纬，采用"六位一体"的立体解析模式：从"案情简介"切入犯罪现场，用"办案策略"解构侦查思维，借"心理攻防"还原审讯博弈，以"定案关键点"锚定法律争议，在"认识误区表"中澄清认知偏差，最后通过"金融背景知识补充"搭建跨领域认知桥梁。这种全景式解剖既避免了纯理论研究的凌空蹈虚，又突破了单一判决分析的平面局限，让法律适用在具体情境中展现动态生命力。使本书超越单纯案例汇编的价值，成为观察中国金融法治生态的独特视窗。

在撰写过程中，我们力求做到兼具理论性、实践性和可读性，既注重理论阐述的严谨性，又注重实践操作的可行性。同时，我们也充分考虑了金融领域职务犯罪的新趋势和新特点，努力使本书内容贴近实际、着眼实战。在办案策略方面，本书不仅详细介绍了法律条款的适用、证据的收集与固定、犯罪嫌疑人的讯问技巧等基础知识，还展示了如何在复杂多变的案情中，准确把握犯罪嫌疑人的心理状态，巧妙运用心理攻防策略，突破其心理防线，从而成功侦破案件。同时，本书还特别注重金融背景知识的重要性，不仅阐述了犯罪手法和作案过程，还深入剖析了背后的金融原理和市场规则，帮助读者更好地理解犯罪的本质和根源，提升金融素养和风险防范能力。此外，本书的语言风格平实易懂，以通俗的语言呈现复杂的法律关系，以实战视角解析抽象的法律条文，以期成为金融从业者的风险警示录、司法工作者的办案指南针、学术研究者的实证参考书。

金融犯罪如同一场"猫鼠游戏"，当金融犯罪手段正以"摩尔定律"的速度迭代演进，本书的价值不仅在于提供静态的办案指南，更在于构建了动态的防控思维模型。每一起案例都是法律与金融的深度对话，每一次剖析都是对犯罪逻辑的逆向推演。犯罪防控是永无止境的角力，法律规制与犯罪形态的博弈不会停息。愿本书成为刺破金融犯罪迷雾的探照灯，既照亮已然发生的罪恶轨迹，更指引未来法治文明的前行方向。

卓　翔

2025 年 3 月

目 录

第 一 例	国有期货操盘舞弊	增设环节侵吞资产	001
第 二 例	先买后租赚取差价	贷款抽资隐蔽牟利	008
第 三 例	承租网点内外串通	控租骗差贪污敛财	015
第 四 例	私盖公章挪移粮款	挪款还贷填补亏空	023
第 五 例	虚构风险提前兑付	巧设平台违法理财	029
第 六 例	假借融资帮企还贷	伪造印鉴私挪资金	036
第 七 例	操纵入股村镇银行	托友代持受贿干股	043
第 八 例	咨询协议暗藏玄机	假借服务收贿敛财	051
第 九 例	以贷谋利放贷收息	全家动员高息敛财	060
第 十 例	虚假融资异常回购	股权代持牟取暴利	066
第十一例	违规放贷收贿挪款	权钱交易终陷囹圄	073
第十二例	徇私放贷肆意妄为	实控公司贿赂套贷	083
第十三例	行长假投索贿敛财	老板虚合高额付息	091
第十四例	私募高管弄权受贿	工程公司行贿中标	098
第十五例	银行员工违规操作	信托经理行贿分赃	105
第十六例	高管谋私虚构中介	职务侵占巧取豪夺	116
第十七例	资管高管瞒天过海	信托收益中饱私囊	123
第十八例	债券交易暗箱操作	虚增环节赚取利差	131
第十九例	隐蔽开展通道业务	隐瞒实控配资牟利	139
第二十例	巧借名义移花接木	套贷自用资金断链	146

第二十一例	投资代表违规转款	基金募集资金遭劫	152
第二十二例	银行职员暗谋代持	挪用巨资债券牟利	159
第二十三例	违规放贷执意孤行	千万资金损失难追	166
第二十四例	擅自出函担保承诺	提前变现金蝉脱壳	173
第二十五例	公款代缴筹资税费	集资乱象国资流失	180
第二十六例	官员参股监管失责	融资担保乱象丛生	186
第二十七例	经营同业运作融资	假借咨询非法敛财	195
第二十八例	期货受托背信交易	客户资金巨额亏空	202
第二十九例	基金经理暗箱操作	内幕交易巨额获利	208
第三十例	保险资金违规拆借	账目混乱内控崩塌	215
第三十一例	违法放贷自批自贷	三罪竞合自酿苦果	222
第三十二例	沆瀣一气以新还旧	内外勾连以贷养存	228
第三十三例	银行违规绕道放款	扰乱监管罪责难逃	235
第三十四例	纵容授意虚假借款	资金失控有去无回	242
第三十五例	高息诱骗投资理财	放任监管挥霍无度	248
第三十六例	利令智昏出具保函	平添巨债连带偿还	256

第一例

国有期货操盘舞弊
增设环节侵吞资产

一、案情简介

2012年7月至2020年5月，甲先后任A国有公司期货部操盘手、期货部临时负责人、副主任及主任，其间负责期货部日常经营管理工作，参与制定A国有公司期货交易策略，依据市场行情确定具体的操盘价格，下达期货交易指令并实际操盘。

2014年2月至2020年5月，乙先后担任A国有公司期货部经理、高级经理及副总监，参与制定A国有公司期货交易策略，根据决策指令对相关期货账户进行实际操盘。

2015年7月至2020年5月，甲、乙二人经合谋，向他人借用了多个期货账户，利用前述职务便利，在事先获知公司期货交易策略后，以借用的个人账户提前在有利价位买入或卖出与A国有公司策略相同的期货产品进行预埋单，采用与公司报单价格相同或接近、报单时间衔接紧凑以及公司大单覆盖等方式，与公司期货账户进行低买高卖或者高卖低买的相互交易，即甲、乙利用职务上的便利，"一手托两家"，既代表交易的一方，也就是其二人任职的国有公司,又是交易另一方的实际控制人,同时代表双方,让公司以明显高于市场的价格向其本人购买期货产品、让公司以明显低于市场的价格向其本人出售期货产品,使二人实际控制的账户获利共计人民币 3000 余万元,赃款由二人平分并占为己有,国有公司的财产遭受重大损失。

二、办案策略

(一) 总体思路

调查公司期货交易,摸准异常交易规律,锁定甲、乙二人实控,发现增设交易环节,还原侵吞财产事实。

(二) 具体措施

1. 查阅相关文件资料,了解掌握 A 国有公司期货交易策略。

2. 调查 A 国有公司期货交易情况,发现交易对手、交易时间及成交价格异常。

3. 深入分析异常交易规律,掌握交易对手情况。

4. 调查交易对手账户信息,发现成交期货账户为甲、乙二人实控。

5. 调取甲、乙二人的职责内容,进而掌握甲、乙二人参与制定期货交易策略并实际操盘的情况。

6. 根据上述证据,分析掌握甲、乙二人"一手托两家",利用实控账户,增设交易环节的问题线索。

7. 找甲、乙二人分别谈话,问清期货交易获利的具体过程以及主观心态。

三、心理攻防

【对阵表】

当事人	当事人主要心理状态		办案人员主要攻心策略
	案发前	案发后	
甲、乙	1. 交易账户不是我本人账户，查不到我。 2. 交易过程正当合法，隐蔽牟利，不会被发现。	1. 坚称二人没有共谋，买卖期货是正常交易。 2. 坚称没有利用事先获知的公司交易策略操控交易。 3. 期货市场随机撮合交易，并不违法。 4. 公司的利益没有受损。	1. 揪住二人工作职责，结合公司交易实际情况，揭露甲、乙掌握A国有公司交易策略，触其心理防线，产生思想压力。 2. 揪住与A国有公司交易的期货账户均为本人实控的真相，不断加大心理压力。 3. 揪住"预埋单"价格与公司报单价格相同或接近以及报单时间衔接紧凑的情况，纠问真实原因，打击其抵赖心理。 4. 揪住交易手数的异常，揭露二人将期货交易随机性变为特定性，彻底打垮其心理防线。 5. 纠问二人大额获利的"高概率"原因，打击其侥幸心理。 6. 利用"信息不对称"优势，纠问甲、乙之间的通谋情况，迫其如实交代下达操作指令并实际操盘的实情。 7. 阐明公司利益受损的实质以及贪污罪的法律规定，澄清模糊认识，打消其抵赖心理。

【谈话思路演示表】

被谈话人	谈话要点	取证要点
甲、乙	你（们）在公司任何职务？有何职权？	参与制定期货交易策略并实际操盘。
	公司买卖期货的交易对手账户跟你（们）有什么关系？	都是我实际控制的。
	为什么你（们）的挂单报价与公司报单时间衔接如此紧凑，报单价格如此接近或相同？	因为我（们）掌握公司交易策略，这样做可以使我（们）实际控制的账户能够与公司账户完成交易，从中获利，实际上就是增设了交易环节。
	增设这一交易环节后会带来什么结果？	增加了公司的交易成本，应得获利减少。
	你（们）这样做的目的是什么？	让自己获利，实际上是将公司应得利益非法占为己有。
	你（们）是如何商议此事的？	（共谋的过程）

四、定案关键点

本案中，甲、乙二人与其任职的国有公司之间的期货交易行为明显异常，甲、乙二人以权谋私，假借期货市场交易行为侵吞国有财产；定案关键点在于甲、乙二人的职务行为与个人获利、国有资产损失之间是否有因果关系，具体可从以下几个方面进行分析论证。

1. 案涉期货交易行为的本质。本案案涉的期货交易行为具有多处异常点：一是挂单报价异常。正常期货交易中买卖双方的挂单报价时间随机，成交价格受交易撮合规则影响，但本案中甲、乙二人几乎每次交易都能提前几分钟甚至几十秒报价，能精准"预测"公司报价，行为明显异常。二是合约品种异常。交易市场的期货品种多样，但在甲、乙二人账户中大量交易与其任职的国有公司相同的合约，并在同一时间点以相反方向成交，交易双方特定性极强。三是交易习惯异常。甲、乙二人在案涉系列期货交易行为前几乎未与其任职的国有公司交易，共谋后却大量成交，交易对象与之前相比存在明显异常。不仅如此，在交易手数方面，甲、乙二人控制账户与其任职的国有公司的每笔交易手数明显大于其他交易对手。以甲控制的账户为例，其他对手交易每笔一两手，但与该国有公司交易则达几十手甚至上百手，风险承受能力明显异常于以往的交易行为。四是账户盈亏异常。甲、乙二人控制的账户盈利比例高达90%以上，部分账户盈利甚至达到100%。综上，案涉期货交易行为存在明显异常，不属于正常的市场交易行为，而是甲、乙二人有意识地操控所致。

2. 甲、乙二人获利与职务便利之间的关联性。表面上，甲、乙二人是在公司指令单范围内进行期货操作，公司利益似乎未受损，且与其他市场主体交易后仍有获利可能。实质上，提前获知公司交易指令为二人操控交易过程提供了机会。甲、乙二人通过控制个人账户以更有利价格提前买入期货合约后，再与公司交易，直接导致公司以更高价格买入期货合约，增加了公司的交易成本，应得获利减少，将本应归公司的期货利益非法占为己有，造成国有资产损失。

综上，甲、乙二人获利与职务便利之间具有刑法上的因果关系，甲、乙二人得以控制并促成交易的根本原因就在于其利用职务便利提前获知了公司交易指令并进行实际操盘。

五、定性结论

本案中，甲、乙作为国家工作人员，利用其二人作为国有公司期货部实际操盘人的职务之便，在期货交易中通过增设交易环节使自己能够"一手托两家"，并通过控制交易双方实现侵吞公款的行为，依法应认定为贪污罪。

六、认识误区表

错误认识	正确理解
甲、乙二人案涉的期货交易行为均在期货市场中进行，是由市场随机撮合的，属于正常的期货市场交易行为，并未侵吞公共财物，未造成国有公司损失，不构成犯罪。	通过前述分析，案涉期货交易行为与正常期货交易行为相比明显异常，不具有随机性，而具有特定性，是甲、乙二人有目的地控制并促成的交易结果。甲、乙二人得以控制并促成交易的根本在于其二人利用职务可提前获知国有公司期货交易的指令并能够实际操盘的便利，非法占有了本应归属于国有公司的利益，属于利用职务便利侵吞公共财产，依法应认定为贪污罪。

七、金融背景知识补充

期货的预埋单又可以称为预备单。有两种情况的单子都可以称为预埋单，低于市价的买入挂单可以称为预埋单，高于市价的卖出挂单也可以称为预埋单。

八、涉案主要法律依据

《中华人民共和国刑法》

第三百八十二条 国家工作人员利用职务上的便利，侵吞、窃取、骗取或者以其他手段非法占有公共财物的，是贪污罪。

受国家机关、国有公司、企业、事业单位、人民团体委托管理、经营国有财产的人员，利用职务上的便利，侵吞、窃取、骗取或者以其他手段非法占有国有财物的，以贪污论。

与前两款所列人员勾结，伙同贪污的，以共犯论处。

第二例

先买后租赚取差价
贷款抽资隐蔽牟利

一、案情简介

2009年年底，G银行（国有控股的全国性股份制商业银行）在H省X市选择营业地址过程中，时任G银行H省Z分行行长兼党委书记的甲，与时任G银行H省X分行筹备组组长的乙，时任G银行Z分行办公室主任的丙选中了X市由M地产开发的商业楼第一、二层，但该房产只卖不租，而G银行X分行只租不买。于是甲就与乙、丙商议把该房买下来，高价出租给G银行Z分行，用该房产抵押在G银行X分行贷款用于抽回购房资金，并以每年的高额房租逐步偿还贷款本息。但因三人均系银行内部人员，不方便出面，甲就找到了其朋友丁（某大学学园教育投资有限公司总经理），要求由丁出面四人共同出资将该房买下，所得收益四人均分。

丁同意后，2010年年初，四人出资3500万元以丁的名义，购买了M地产开发的商业楼第一、二层，后甲等人利用职务之便，虚构租用营业场所需缴纳高额租金的事实，骗取G银行总行同意，由G银行Z分行承租该房产，作为G银行X分行的营业场所，租期

10年,每年支付房屋租赁费490万元及广告位租赁费10万元。合同签订后,四人于2010年8月至9月,用该房产抵押虚构经营性物业贷款在G银行X分行获取贷款3000万元,四人抽回了大部分投资。

根据X市价格认证中心价格认定结论书,该处房产2010年至2015年市场租赁价格为每年238.97万元,2015年至2017年市场租赁价格为每年246.14万元。自2010年至2017年,四人非法占有G银行Z分行多支付租金共计1742.87万元。

后税率的计算错误导致上述房产所得租金不足以按计划还本付息。2011年年初,甲与乙、丙、丁共同商议,以Z市调整房屋租赁税税率为由,骗取G银行总行同意,将不符合条件的G银行X分行房屋租金列入该次调整范围,每年增加上述房产租金122.5万元。自2011年至2017年,共计多支付租金735万元。

2010年至2017年,四人非法占有G银行Z分行多支付的租金共计人民币2477.87万元。

二、办案策略

(一)总体思路

依据银行流水倒查,核实大额资金进出,掌握租赁贷款资料,问清共谋获利实情。

(二)具体措施

1. 调取甲等四人银行流水,发现该四人银行账户大额支出、收入的情况,根据交易对手信息及备注内容,分析掌握他们各自出资购房、收回出资款及规律性收息的问题线索。

2. 找丁谈话，问清大额资金进出情况及与甲、乙、丙等人共谋情况，掌握以其名义购房后租给 G 银行 Z 分行以及收取高额租金的证据。

3. 调取案涉房产买卖、出租及甲等人申请贷款的协议等相关资料，查清购房款、租金标准和支付方式以及贷款金额等情况。

4. 找 G 银行及 Z 分行负责房屋租赁、贷款审批的相关工作人员谈话，了解掌握甲、乙、丙等人利用职务便利运作的具体过程。

5. 找乙、丙等人谈话，核实上述证据证明的买房、出租、贷款以及租金调整的情况，同时掌握与甲共谋的具体经过。

6. 根据上述证据，找甲谈话，问清与乙、丙、丁等人共谋，利用各自职务便利，通过买房出租赚取利益以及抵押贷款收回资金的全部过程。

三、心理攻防

【对阵表】

当事人	当事人主要心理状态		办案人员主要攻心策略
	案发前	案发后	
甲、乙、丙	1. 选中的房子只卖不租，不如买来再租给单位，正好可以借此机会赚些钱，不会出问题的。 2. 用买来的房子贷款，可以迅速收回资金，以租还贷，非常安全。	1. 坚称买房、租房是正常的投资行为，与自身职权无关。 2. 坚称贷款程序正规，没有利用职权。	1. 揪住买房时机，纠问其真正动机，打击其心理防线。 2. 揪住后来增加租金数额，纠问租金标准、议定过程等，进一步打击其心理防线。 3. 纠问贷款过程，揭示其中造假行为，打击其侥幸心理。 4. 利用信息不对称优势，各个击破，打掉攻守同盟。 5. 还原整个过程，揭露买房、租房、贷款的真实目的，打击其抵赖心理。

第二例 先买后租赚取差价 贷款抽资隐蔽牟利 011

续表

当事人	当事人主要心理状态		办案人员主要攻心策略
	案发前	案发后	
丁	1. 甲提供了这样一个好机会,还很隐蔽,不会出问题。2. 即便出了问题,也由甲等人负责,自己只是名义上的投资人。	1. 坚称自己只是配合甲等人投资,具体运作过程不清楚。2. 即便涉案行为构成犯罪,因自己非公职,也不应当被追责。	1. 重点纠问与甲等人共同出资以其名义买房的原因,揭示其对于可以利用甲等人职务便利谋取个人利益的明知心理。2. 讲清法律规定,同时给其出路,促使其主动交代共谋实情。

【谈话思路演示表】

被谈话人	谈话要点	取证要点
甲、乙、丙、丁	G银行X分行的营业地址是如何选择的?	承租的M地产开发的商业楼第一、二层。
	此处房产是谁的?	是我们四人出资购买的。
	为什么要购买此处房产?	我们知道买下房子肯定能租给单位,赚取租金。
	购房款是如何处理的?	我们四人共同出资,而后又通过向X分行贷款迅速收回了大部分出资。
	租金是如何确定的?	计划用租金还贷,所以我们"倒推"核算出租金标准,然后骗总行说经营性场所租金较高,后来因计算有误,又提高了租金标准。
	贷款是否符合规定?	不符合,虚构了经营性物业项目。
	为什么能够顺利实现出租、贷款以及调整租金等?	实际上是利用了我们各自的职务便利。
	收到的租金都干什么用了?	用在了个人及家庭消费上。

四、定案关键点

本案中，甲、乙、丙、丁四人买房、租房的行为能否认定为贪污犯罪，应当从以下几个方面审查该行为与正常的投资行为之间的区别。

1. 购房时机体现以权谋私意图。据在案证据可知，四人合谋买房的时间是在 2009 年年底 G 银行在 H 省 X 市选择营业地址过程中，即四人共同购房意向产生于单位用房选址期间，并非正常投资行为。也就是说，甲等人看到了单位用房的机会，试图借此机会以权谋私。

2. 购房目的体现利用职权打算。购房前，甲就与乙、丙商议好合伙买房、抵押贷款、抽回资金、收租还贷一系列操作，即已确定能利用自身银行工作便利，通过运作将该房产租给其单位使用，并已定好了短期内抽回购房资金的具体计划。这证明甲等人并非真正想投资房产赚取租金，实质上是想利用职务便利确保买到的房子既可以出租给单位获取高额租金，又能成功办理抵押贷款，短时间内收回购房款，使其利益最大化。

3. 房租标准体现非法占有目的。在案证据证明，涉案房租是通过甲等人上述计划"倒推"得来的，且后来发现税率计算错误，导致所得租金不足以按计划还本付息，于是又想方设法提升了租金标准。这些都说明，甲等人的租房行为完全不受市场租金价格、付租方式、租户行业、产业市场、空置率等市场因素的影响，获利恒定，目的就是利用职权获利。

以上三点能够说明甲等四人的行为与正常的投资行为有明显的差异，加之其本人供述，结合其他证据，能够证明买房、租房行为的顺利实施完全基于甲等人在本单位担任领导职务并具有相当的决定权；其据此获取收益的行为不能认定为正常的投资行为，其利用职务之便骗取公共财产的意图和行为明显。

五、定性结论

甲、乙、丙身为国有企业工作人员，在本案中的行为属于利用职务上的便利，采用骗取手段非法占有公共财物的行为，构成贪污罪。丁与甲、乙、丙勾结，伙同贪污，以共犯论处。

六、认识误区表

错误认识	正确理解
国家工作人员自行筹措资金，购买房屋后出租给其所在单位办公使用，属于正常的投资行为，获得的租金属于合法收入，不构成犯罪。	要结合全案证据综合判断，从购房动机、目的、出租完成过程是否与国家工作人员职务便利相关以及房租的确定是不是市场参考的结果，来判断有无利用职务之便骗取公共财产的意图和行为，进而判断是正常的投资行为，还是构成贪污犯罪。

七、金融背景知识补充

经营性物业贷款是指银行向借款人发放的，以其所拥有的经营性物业为贷款抵押物，并以其经营收入为还款来源的贷款。这种贷款通常用于支持借款人扩大经营规模、改善经营条件或进行其他与经营相关的投资活动。

房屋租赁税是指根据国家税法规定，在房屋租赁过程中产生的税费。这些税费通常包括营业税、城市维护建设税、教育费附加、房产税、印花税、城镇土地使用税、地方教育附加和个人所得税等。

八、涉案主要法律依据

《中华人民共和国刑法》

第三百八十二条 国家工作人员利用职务上的便利，侵吞、窃取、骗取或者以其他手段非法占有公共财物的，是贪污罪。

受国家机关、国有公司、企业、事业单位、人民团体委托管理、经营国有财产的人员，利用职务上的便利，侵吞、窃取、骗取或者以其他手段非法占有国有财物的，以贪污论。

与前两款所列人员勾结，伙同贪污的，以共犯论处。

第三例

承租网点内外串通
控租骗差贪污敛财

一、案情简介

中国邮政储蓄银行股份有限公司N市分行（国有控股公司，以下简称N银行）因业务发展需租赁临街店面开办网点，多次发文要求员工提供相关信息并承诺有奖励。

甲系N银行市场部工作人员，2011年1月，其作为提供网点选址信息的联系人，负责渠道建设等工作。甲找房屋中介乙帮忙，寻找合适的店面，后二人均看到了本市某店面的招租广告。随后，甲与该店面所在大楼的原承租人G公司的法定代表人陈某沟通转租事宜，乙与该店面的转租负责人高某也曾沟通租房事宜。其间，甲与乙约定先行租下该店面，再由乙出面与N银行洽谈，且二人商议如月租金在8万元以下按1000元/月，在8万元至10万元按3000元/月，在10万元以上按5000元/月的标准给予乙分成。

随后，甲对N银行市场部总经理贾某称，有一临街店面适合建立网点，联系人为乙，并隐瞒了其和乙正在与原承租人商谈租赁该店面的事实。贾某按程序向行长王某汇报，并由甲陪同王某及谈价小组实地看房，王某当即表示该店面适合建设网点，并指示相关部门按流程操作。而后谈价小组与乙会面商谈租赁事宜，乙提出要月租金13.8万元，转让费20万元，同时出示了其与G公司签订的租赁合同，但将合同金额进行了遮挡。2011年1月24日，谈价小组内部就该店面的租赁情况召开会议，一致认为"该店面位置好，租金、合同期限都尚可"，可以承租。

2011年1月27日，甲、乙、陈某、高某来到N市房管局，由乙与代表G公司的高某签订了《租房合同》，约定"月租金为7.5万元及押金20万元"，并由陈某加盖了G公司的公章，租赁期为2011年3月1日至2021年2月28日。同时，甲为了提高与N银行的租金，要求陈某、高某另外签订了一份"月租金10万元及押金和转让费各20万元"的虚假租房合同。当日，乙支付了10万元押金，并由高某出具了收条。2011年3月17日，乙向陈某账上转入15万元租金（2011年3、4月租金），向陈某指定的曹某账上转入10万元押金。

2011年2月17日，N银行办公室对该店面的相关材料进行了审查并报批，审批通过后，N银行与乙签订了一份"月租金13.8万元、转让费20万元"的房屋租赁合同。截至2011年3月23日，N银行共支付给乙转让费20万元及租金55.2万元（2011年2月20日至6月20日租金）。后因甲需资金周转，乙将包括其应得的2万元分成（4个月分成，5000元/月）在内的40.2万元给了甲。

后因陈某举报，2011年4月27日，N银行、G公司与乙签订了解除合同的三方协议，由N银行支付乙2万元作为信息费。当日，G公司与N银行重新签订租房协议，约定转让费为20万元，月租金改为10万元，并由乙将N银行支付的75.2万元转付给陈某。

二、办案策略

（一）总体思路

依据举报线索核查，掌握房屋租金差价，弄清房屋转租过程，确定差价真实原因。

（二）具体措施

1. 根据举报线索，调取涉案房屋租赁合同，掌握乙与出租方签订的两份合同以及事发后签订的三方协议、新租房协议等。

2. 找举报人陈某谈话，了解掌握甲、乙商谈租房及签订合同的全过程及乙以较高租金与N银行签订租赁合同的证据。

3. 找转租负责人高某谈话，核实掌握举报线索涉及事实，掌握甲、乙伙同转租获利的证据。

4. 调取乙本人、N银行及G公司的银行流水，查实各方履行合同情况，确定乙实际占有的钱款金额。

5. 找N银行行长王某及市场部总经理贾某等人谈话，核实掌握甲提前获知N银行打算承租涉案房屋并安排与乙商谈租金价格的证据。

6. 找乙谈话，重点问清与甲共谋并实施提前低价承租，而后高价转租获利行为的具体经过。

7. 根据上述证据，找甲谈话，核实掌握甲安排乙提前承租涉案房屋的真实目的以及利用负责网点选址的工作便利骗取N银行支付高额租金的全部事实。

三、心理攻防

【对阵表】

当事人	当事人主要心理状态		办案人员主要攻心策略
	案发前	案发后	
甲	1. 给单位租到了合适的店面，且租金较低，没有损害单位利益，自己得点好处，不会出问题。 2. 谈判、签约、付款等都是由乙完成，很隐蔽。	1. 坚称自己只是普通员工，不具有对网点租赁的参与权和决定权。 2. 向 G 公司承租店面在前，转租给 N 银行在后，若 N 银行没有承租，其还应履行与 G 公司的合同，须承担商业风险。	1. 揪住与乙前期联络租房事宜并约定分成标准，纠问其真实目的，打击其心理防线。 2. 揪住其向 N 银行隐瞒其已对接出租人，揭示其骗取租金的心理。 3. 揪住其提前获知 N 银行租房打算后告知乙的事实，纠问真实意图，打击其侥幸心理。 4. 揪住其全程参与租房事宜，安排乙与出租人先期承租，打击其逃避责任的心理。
乙	1. 有 N 银行确定租房的信息后，再与 G 公司签订租赁合同，非常安全。 2. 自己只是中介，出了问题由甲负责。	坚称与甲没有通谋，没有形成贪污的共同故意。自己仅是房屋中介，也不清楚甲的具体工作和职务，低吸高抛是正常的交易手法。	1. 揪住甲与其前期联络租房事宜并约定分成标准，纠问其真实目的，打击其心理防线。 2. 揪住乙得到甲告知的谈价小组开会确定租房的信息后，迅速与 G 公司签订租房合同，打击其抵赖心理。 3. 揪住事后涉案房屋租金调整，纠问其真实原因，打击其抵赖心理。 4. 讲清法律规定，同时给其出路，促使其配合调查。

【谈话思路演示表】

被谈话人	谈话要点	取证要点
甲	案涉房屋租金为什么后来进行了调整？	由于有人反映之前的租金过高，所以N银行、G公司与乙签订了解除合同的三方协议。
	为什么要三方签协议？	在N银行与乙签订租房协议之前，乙与G公司先签订了较低租金的租房合同。
	乙为什么要这样做？	我起初联系乙帮忙找房时，我和乙同时看上了涉案房屋，于是商量先低价租下来而后再高价租给N银行，同时给乙一定租金分成。
	如何能确保没有风险？	我向N银行隐瞒了自己已与G公司接洽的情况，让谈价小组先和乙商谈，确定租房后告知乙再去和G公司签合同。
	涉案款项的去向是？	乙先是转给我40.2万元，三方解除协议后全部都退给N银行。
乙	为什么与G公司签订租房协议？	为了先以低价租过来，而后再高价转租给N银行，赚取差价。
	如何确保能租给N银行？	甲告知我N银行已开会确定要租房，之前谈价小组找我商谈过。
	甲为什么要告诉你这一消息？	因为事前甲已和我商量过，让我先期租房，同时给我一定租金分成。
	甲为什么能知道这一消息？	因为甲是N银行网点选址工作负责人，他参与了谈价小组内部会议。
	你与甲商量先期低价租房的具体过程是？	（商议的具体经过）

四、定案关键点

本案中，甲、乙是否构成犯罪，关键在于甲是否利用了其职务便利，乙有无与甲伙同。

（一）甲具有负责网点选址的职权并实际参与选址工作

1. N 银行《关于提供网点信息的通知》证实，2011 年 1 月 11 日甲被任命为市场部联系人，负责收集银行员工提供的网点选址信息。

2. N 银行行长王某及谈价小组成员贾某的证言证实，为了调动全行职工的积极性，对提供网点信息的予以奖励，N 银行下发了通知，由于甲当时是市场部的工作人员，分工就是由甲负责店面、网点的建设。

3. G 公司的法定代表人陈某的证言证实，甲联系其称 N 银行想要承租该店面并自称可以决定 N 银行是否承租。

4. 陈某与店面转租负责人高某以及谈价小组成员的证言证实，甲作为选址工作负责人，实际参与了对承租涉案店面的联络、谈判、协议签订等相关工作。

（二）甲利用自身职务便利伙同乙骗取 N 银行租金

1. 甲发现涉案店面的租赁信息后未直接向 N 银行提供，而是先以银行人员的身份与出租方洽谈，而后找来乙作为中间人，再将信息上报至单位，由乙出面与 N 银行商谈租赁事宜。

2. 经过 N 银行与乙初步协商，乙报价月租金 13.8 万元，转让费 20 万元，后经还价未果，N 银行明确表示要承租涉案房屋。

3. 得到上述信息之后，甲便迅速与出租方陈某、高某见面，由乙作为代表签订了租赁合同，约定月租金7.5万元、20万元押金。

4. 事发后，甲让乙去N银行重新签订房屋租赁合同。在调查组主持下，甲当场和乙、N银行办公室主任签订了解除合同的三方协议，又由甲和办公室主任代表双方重新签订了租赁合同，约定每月租金10万元，转让费20万元。

综上可知，甲在获知N银行决定租赁涉案店面之后才签订租赁合同，其先期租赁不存在任何风险，不是正常的民事行为；而乙在此过程中，名为中介，实为甲的骗托。

五、定性结论

甲身为N银行市场部工作人员，系受国有企业委托管理、经营国有财产的人员。其利用经手银行渠道建设工作的职务之便，伙同房屋中介人员乙预先控制店面租赁的底价，对N银行形成价格控制，并最终影响银行承租价格，从中牟取租金差价及转让费，共计人民币45.2万元（月租金13.8万元－7.5万元＝6.3万元×4＝25.2万元，另有20万元转租费），其行为均已构成贪污罪。

六、认识误区表

错误认识	正确理解
国家工作人员与中介工作人员共同为国有单位寻找房屋，中介提前租下后加价转租给国有单位是正常的商业操作，不构成贪污罪。	应当审查国家工作人员与中介工作人员有无伙同，中介是否只是国家工作人员的"托"。若二人为了牟取店面租金差价分成，利用国家工作人员职务之便，预先控制店面底价，形成价格控制，并最终影响国有单位的承租价格，则二人构成贪污罪的共同犯罪。

七、涉案主要法律依据

《中华人民共和国刑法》

第三百八十二条 国家工作人员利用职务上的便利，侵吞、窃取、骗取或者以其他手段非法占有公共财物的，是贪污罪。

受国家机关、国有公司、企业、事业单位、人民团体委托管理、经营国有财产的人员，利用职务上的便利，侵吞、窃取、骗取或者以其他手段非法占有国有财物的，以贪污论。

与前两款所列人员勾结，伙同贪污的，以共犯论处。

第四例

私盖公章挪移粮款
挪款还贷填补亏空

一、案情简介

甲系中国农业发展银行 S 省 W 县支行（以下简称 W 县农发行）行长。

2012 年 5 月 22 日，梁某以 S 省某农产品科技有限公司的名义在甲的单位 W 县农发行贷款 960 万元。因这笔贷款到期无力偿还，梁某以个人名义进行高息贷款，甲作为 W 县农发行的行长做了担保，梁某以此偿还了 960 万元的贷款。但是高息贷款到期后，梁某仍无力偿还。为了偿还这笔高息贷款，梁某又向其他小额公司贷款，甲有时候以个人名义做担保，有时候以单位名义做担保，而且甲还以个人名义或单位名义向甲的贷款户借款，用于偿还梁某的高息贷款。

2012 年 6 月至 2014 年 1 月，甲利用担任 W 县农发行行长的职务便利，私自决定将由 W 县农发行管理的 W 县粮食局账户内政策性粮食补贴利息结余款 296 万元转移至其下属单位 W 县粮食收储管理中心（以下简称 W 县粮储中心）账户。2013 年 11 月 18 日至 24

日，甲通过给W县粮储中心打借条的形式从中支取80万元，用于偿还个人及他人借款本金及利息。

2012年10月，梁某、孙某夫妻二人在张某处借了100万元现金。梁某让甲替他夫妻二人做担保。2012年12月，借款期满之后，梁某、孙某不能偿还这笔借款，张某要求甲承担担保责任。

2013年1月，W县粮储中心在W县农发行申请了一笔1000万元的粮食收购款。甲和W县农发行财务人员周某及梁某共同商量去向W县粮储中心借款。该中心坚持只对W县农发行借款。所以甲决定，以W县农发行的名义向W县粮储中心借款。甲安排周某去W县粮食局办理了200万元借款的手续。梁某除了借张某的100万元民间借贷到期之外，还借了其他人的高息贷款，并且到期无法偿还，故让甲多借一些，借了200万元。甲在这张借款条上签字，并让周某在这张借款条上签字并加盖了W县农发行的公章。甲让周某安排W县粮储中心将这200万元钱汇到庞某个人的账户上。庞某按照甲的安排将其中的100万元转至张某账户，剩下的100万元用于偿还梁某个人的借款。

二、办案策略

（一）总体思路

依据公款出借，调阅借款手续，查清借款人员，核实款项来源，定准行为性质。

（二）具体措施

1. 调阅W县粮储中心财务账簿及账户流水，掌握案涉款项出借给甲及W县农发行的证据。

2. 找 W 县粮储中心负责人及财务人员谈话，了解掌握案涉款项来源，弄清政策性粮食补贴利息结余款 296 万元的归属。

3. 调取甲个人及梁某、庞某银行流水，掌握案涉款项用于归还甲个人借款及梁某等人贷款的证据。

4. 找周某等 W 县农发行财务人员谈话，了解掌握其按照甲的安排，将 W 县粮食局账户内政策性粮食补贴利息结余款转移至 W 县粮储中心的过程。

5. 找梁某、庞某、张某谈话，掌握梁某向他人借款及案涉款项用于偿还借款的具体经过。

6. 找甲谈话，问清其为梁某向他人借款提供担保，为梁某和其个人偿还借款，以个人及单位名义向 W 县粮储中心借款的情况。

三、心理攻防

【对阵表】

当事人	当事人主要心理状态		办案人员主要攻心策略
	案发前	案发后	
甲	1. W 县粮食局无权处分政策性粮食补贴利息结余款，借用其中一部分不会被发现。 2. W 县粮储中心有向 W 县农发行申请款项，以 W 县农发行名义借款，没什么问题。	1. 坚称 W 县农发行向 W 县粮储中心借款系企业间正常拆借行为，该款来源于 W 县粮储中心的自有资金。 2. 坚称借出款项未进入 W 县农发行账户，也没有处于 W 县农发行管理、使用或者运输过程中，不应认定为公款。	1. 抓住政策性粮食补贴利息的归属问题，揭示其职权便利，攻击其心理防线。 2. 纠问其以打借条形式支取款项的目的，揭示其"以借为名"，打击其抵赖心理。 3. 利用已掌握重要证人证言，还原借款全过程，打击其侥幸心理。 4. 纠问钱款去向，揭示公款私用本质，彻底击垮其心理防线。

【谈话思路演示表】

被谈话人	谈话要点	取证要点
甲	（出示借条）W县农发行为什么要找W县粮储中心借钱？	为了偿还我个人和梁某借款以及承担我个人的担保责任。
	为什么要打借条？	为了掩人耳目。
	W县粮储中心的涉案款归属于谁？	名义上在W县粮食局的账户内，实际上由W县农发行掌控。
	为什么能够成功向W县粮储中心借款？	我任W县农发行行长，可以利用职权操控账户，可以单位名义借款。
	案涉款项的去向是？	最终进入张某等出借人账户。
	为什么要替梁某借款、承担担保责任？	因为梁某在W县农发行有一笔大额贷款到期了，还不上，梁某请我帮忙。

四、定案关键点

1. W县粮食局负责人及相关财务人员证言证实粮食系统的挂账利息专用账户虽然以粮食局名义开户，但是粮食局无权处分该账户中的任何钱款，财政部门将利息专款划入账户不需要通知粮食局。W县农发行直接从该账户划交利息，不需要W县粮食局的同意，只是通知W县粮食局办理相关手续，经W县农发行相关领导同意签字才能办理支款手续。

2. 甲向W县粮食局打的借条以及甲本人银行流水证实其以个人名义向粮食局借款80万元并个人使用。

3. 200万元借款手续及出借转账记录证实W县农发行向W县粮食局借款200万元，但该款项并未进入W县农发行账户，而是转入张某、梁某个人账户。

4. 梁某证言及甲本人供述证实甲以个人和单位名义向 W 县粮食局借款的动机、过程及钱款使用去向。

以上关键性证据配合其他证据，相互关联，可以证明甲实质上利用了其职务便利，将 W 县农发行管理的以及 W 县粮食局的公款挪于个人使用。

五、定性结论

甲利用职务便利，将政策性粮食补贴利息结余款 296 万元转至 W 县粮储中心账户，后支取其中的 80 万元以及向 W 县粮储中心借款 200 万元，将上述款项用于归还个人及他人借款及利息，超过 3 个月未还；但甲未采取窃取、骗取等手段，且无相关证据证实其具有非法占有上述款项的故意，故其行为不符合贪污罪的构成要件，应当以挪用公款罪定罪。

六、认识误区表

错误认识	正确理解
本案中，粮食局账户内政策性粮食补贴利息结余款的所有权归属于财政部门或者粮食部门，并不属于农发行。行为人无法利用作为银行负责人的职权，挪用或者贪占该项钱款。	本案中，粮食政策性财务挂账利息的来源是中央财政和地方财政拨付，该专用账户虽以粮食局名义开设，但粮食局无权处分该账户的任何钱款，若动用必须经农发行审批。政府财政部门或农发行向账户转款时不需要通知粮食局。因此，应当认定农发行负责人可以利用职权贪占或者挪用政策性粮食补贴利息结余款。

七、金融背景知识补充

政策性粮食补贴利息结余款是指政府为了支持农业发展，通过中央财政和地方财政拨付给粮食部门或相关机构的专项资金，用于补贴粮食生产、储备等环节产生的利息费用。这部分资金具有特定的用途和管理规定，通常需要专款专用，并接受严格的监管。

企业间拆借是指企业之间为了调剂资金余缺，在平等、自愿、有偿的基础上，进行短期资金融通的行为。然而，这种拆借行为通常需要符合相关法律法规的规定，并接受监管。

八、涉案主要法律依据

《中华人民共和国刑法》

第三百八十四条　国家工作人员利用职务上的便利，挪用公款归个人使用，进行非法活动的，或者挪用公款数额较大、进行营利活动的，或者挪用公款数额较大、超过三个月未还的，是挪用公款罪，处五年以下有期徒刑或者拘役；情节严重的，处五年以上有期徒刑。挪用公款数额巨大不退还的，处十年以上有期徒刑或者无期徒刑。

挪用用于救灾、抢险、防汛、优抚、扶贫、移民、救济款物归个人使用的，从重处罚。

第五例

虚构风险提前兑付
巧设平台违法理财

一、案情简介

2006年，某政策性银行发行了"2006年第三期B信贷资产支持证券"的次级档产品（以下简称"B证券"）。作为该证券的承销商之一，C证券公司的固定收益证券部副总经理乙，在深入分析市场数据后，敏锐地捕捉到"B证券"潜在的巨大盈利空间。受个人利益的驱使，乙决定主动联系A国有银行发行分级理财产品对接该证券。

后乙联系上了时任A国有银行副行长甲。经二人商议，甲决定由A国有银行发行理财产品，再通过信托合同将理财产品所募集资金用于购买"B证券"。2008年6月，A国有银行成功发行E号理财产品，募集资金人民币4.25亿元，并按照事先的计划通过D信托公司发行信托计划，准确投资了"B证券"。该理财产品分为稳健级和进取级，由A国有银行收取相应投资管理费。其中稳健级募集人民币3.65亿元，由商业银行等金融机构认购；进取级募集人民币0.6亿元，由甲、乙等70余人认购。

2008年年底，为实现个人利益最大化，乙向甲提议了一个更大胆的计划：提前兑付E号理财产品，另行设立稳健级收益更低、进取级收益更高的理财平台用于投资"B证券"。甲应允。

2009年7月，在投资"B证券"不符合提前终止条件且预期收益较好的情况下，甲在专题会议上否决了银行风控部门的意见，力排众议，坚持主张提前终止E号理财产品。同时在行长办公会上，甲虚构了"B证券"存在较大风险的事实，隐瞒了提前兑付的真实目的，最终促使该国有银行作出了提前兑付的决定，会议中并未深入研究兑付方式和资金来源问题。后又因短期内无法从其他渠道募集到足额资金，经乙提议，甲同意，指示A国有银行的相关工作人员审批或具体经办，违规使用A国有银行备付金人民币4.8亿余元提前兑付了E号理财产品。

2009年8月，甲与乙商议，通过签订转让协议的方式，将A国有银行持有的"B证券"的收益权以人民币4.85亿余元的价格，转让给F信托公司另行设立的信托计划，并用该信托计划募集的资金归还了A国有银行被挪用款项。经查，F信托公司另行设立的信托计划募集资金达人民币4.9亿元，其中甲、乙及其二人介绍的15名A国有银行、金融监管机构的相关人员认购进取级产品共计0.6亿元。

截至2010年10月到期兑付，上述17人共计获利人民币1.26亿余元，其中甲、乙获利0.8亿余元，其余15人获利0.4亿余元。

二、办案策略

（一）总体思路

抓住提前兑付事实，深挖隐藏真实目的，细查兑付资金来源，发现银行公款挪用，揭露个人营利目的。

（二）具体措施

1. 调取关于提前兑付 E 号理财产品的专题会议资料，掌握甲"力排众议"坚持终止 E 号理财产品的事实。

2. 调取 B 证券自发行以来至 2009 年 7 月的收益情况，掌握不符合提前终止条件的事实。

3. 深入分析甲坚持提前兑付 E 号理财产品的隐藏目的。

4. 调查 E 号理财产品兑付款项来源，发现银行备付金被挪用的线索。

5. 调查被挪用的备付金归还的款项来源，掌握 F 信托公司线索。

6. 调取"B 证券"收益权转让协议，还原整个事实真相。

7. 调取甲乙等人认购进取级产品及兑付获利的相关资料，深入分析揭露其个人营利事实。

三、心理攻防

【对阵表】

当事人	当事人主要心理状态		办案人员主要攻心策略
	案发前	案发后	
甲	1. 可以找到提前终止 E 号理财产品的理由，我能说服大家相信，不会有人反对。	1. 备付金的使用是经领导集体研究决定的。 2. 备付金用在了兑付 E 号理财产品，并非"为个人使用"。	1. 抓住 E 号理财产品不符合提前兑付条件，纠问其坚持终止该理财产品的真实目的，打击其心理防线。 2. 抓住银行备付金被挪用的事实，加大谈话力度，不断加大心理压力。

续表

当事人	当事人主要心理状态		办案人员主要攻心策略
	案发前	案发后	
	2. 银行备付金只是挪用一下，及时归还，不会被发现问题。	3. 挪用行为未导致公款处于风险之中，备付金最终安全归还。	3. 揪住其任银行副行长在挪用备付金上起到的主导作用，揭示其为个人使用的目的，打击其抵赖心理。 4. 深入剖析银行备付金被用于兑付理财产品与甲、乙等人获利之间的因果关系，打击其抵赖心理。 5. 深入剖析被挪用备付金实际支付给个人的事实，纠正其错误认识，打击其侥幸心理。 6. 讲清法律规定，阐明挪用公款行为的严重后果，彻底打垮其心理防线。

【谈话思路演示表】

被谈话人	谈话要点	取证要点
甲	E号理财产品是否符合终止条件？为什么要提前兑付？	不符合终止条件，提前兑付是为了设立收益更高的理财平台用于投资"B证券"。
	你是如何安排提前兑付事宜的？	在专题会议上否决了银行风控部门的意见；在行长办公会上，虚构"B证券"存在较大风险。
	提前兑付E号理财产品的资金来源是？	挪用了银行备付金。
	具体如何安排挪用银行备付金的？	我指示A国有银行的相关工作人员审批或具体经办。

续表

被谈话人	谈话要点	取证要点
	备付金有无归还？	归还了，银行将持有的"B证券"的收益权转让给F信托公司另行设立的信托计划，用该信托计划募集的资金归还了备付金。
	你（们）有无获利？	我（们）认购了信托计划下的进取级产品，到期兑付后获利了。
	你们是如何商议此事的？	（共谋的过程）

四、定案关键点

本案能否认定被挪用的银行备付金为甲个人使用，是甲是否构成挪用公款罪的关键因素，可以从以下三个方面予以分析。

一是本案中甲为实现个人目的，在银行风控部门强烈反对下坚持己见，在行长办公会讨论研究时虚构事实、隐瞒真相，引导作出提前终止理财产品的决策。之后甲利用职务便利违规签批使用银行备付金兑付，并指使相关人员审批或经办。可见，公款的使用是甲个人意志和擅用职权的体现。

二是被挪用钱款的使用主体虽是A国有银行，但银行在兑付理财产品后，被挪用的备付金实际转移给了原认购人，A国有银行获得了"B证券"的收益权，即A国有银行成为"B证券"的投资主体，将本应由不特定投资人承担的证券投资风险不当转嫁给银行，使巨额公款脱离单位控制，损害了单位对公款的管理、使用权。

三是甲等人违规使用银行备付金提前兑付理财产品，是为其后利用信托计划承接"B证券"做准备，最终目的是谋取个人利益。

综上，甲的行为属于挪用公款"归个人使用"，符合挪用公款罪的构成要件。

五、定性结论

甲作为 A 国有银行副行长，利用职务上的便利，挪用银行备付金归个人使用，数额较大、进行营利活动，构成挪用公款罪。

六、认识误区表

错误认识	正确理解
经单位集体决策且被挪用的资金用于单位，不属于"归个人使用"。	要从实质上把握犯罪构成要件。为下一步个人擅自挪用公款做铺垫准备，相关负责人在集体研究时采取虚构事实、隐瞒真相的方式，引导形成错误决策的，不影响对个人责任的认定。对于为个人从事营利活动而违规使用单位公款的行为，应重点审查使用公款的目的、公款流转去向、公款潜在风险、违法所得归属等要素，如公款形式上归单位使用、实质上为个人使用，则可以认定挪用公款"归个人使用"。

七、金融背景知识补充

信贷资产支持证券是一种由银行、消费金融公司或其他金融机构将其持有的信贷资产（如贷款、应收账款等）作为基础资产，通过特殊目的载体进行结构化设计，并在市场上发行的证券化产品。

八、涉案主要法律依据

《中华人民共和国刑法》

第三百八十四条第一款　国家工作人员利用职务上的便利，挪用公款归个人使用，进行非法活动的，或者挪用公款数额较大、进行营利活动的，或者挪用公款数额较大、超过三个月未还的，是挪用公款罪，处五年以下有期徒刑或者拘役；情节严重的，处五年以上有期徒刑。挪用公款数额巨大不退还的，处十年以上有期徒刑或者无期徒刑。

《最高人民法院、最高人民检察院关于办理贪污贿赂刑事案件适用法律若干问题的解释》

第六条　挪用公款归个人使用，进行营利活动或者超过三个月未还，数额在五万元以上的，应当认定为刑法第三百八十四条第一款规定的"数额较大"；数额在五百万元以上的，应当认定为刑法第三百八十四条第一款规定的"数额巨大"。具有下列情形之一的，应当认定为刑法第三百八十四条第一款规定的"情节严重"：

（一）挪用公款数额在二百万元以上的；

（二）挪用救灾、抢险、防汛、优抚、扶贫、移民、救济特定款物，数额在一百万元以上不满二百万元的；

（三）挪用公款不退还，数额在一百万元以上不满二百万元的；

（四）其他严重的情节。

第六例

假借融资帮企还贷
伪造印鉴私挪资金

一、案情简介

2009年3月，H省D市Z食品有限公司（以下简称Z公司）董事长乙与中国农业发展银行D市支行（以下简称D市农发行）行长甲商定，甲为Z公司融资2700万元用于归还D市农发行的贷款。后甲与H省A房地产开发有限公司（以下简称A公司）董事长丙联系融资事宜，承诺给予高息，丙遂同意转2700万元至D市农发行。

2009年3月15日，A公司电汇600万元至D市农发行应解汇款与临时存款账户。2009年3月18日，甲填写一份中国农业发展银行电汇凭证，加盖私刻的印鉴后，让该行经办人员将该600万元款项汇给Z公司的关联企业。2009年4月16日，A公司又转2100万元至D市农发行应解汇款与临时存款账户。当日，甲采取同样方法将该笔资金汇给Z公司用于偿还D市农发行的贷款。

2009年6月26日，Z公司从其在D市农发行的账户向A公司在中国银行H省K市X支行的账户汇款600万元。

2009年8月4日，甲安排D市农发行工作人员给A公司在该行开立临时存款专户。当日，Z公司从其在D市农发行的账户转款1000万元至上述临时存款专户。2009年8月21日，Z公司员工吴某和唐某以A公司为收款人，分别从其在中国农业银行D支行营业部的个人账户汇款550万元、450万元至D市农发行应解汇款及临时存款账户。2009年8月4日和8月21日，甲将上述2000万元资金分两笔电汇至A公司在中国银行X支行的账户。

至案发时，A公司尚有100万元款项未能收回。其间，甲个人已向A公司支付了2700万元资金的部分高息。

二、办案策略

（一）总体思路

严查贷款项目虚实，掌握资金进出真相，核实账户性质归属，揭露挪用公款本质。

（二）具体措施

1. 调取D市农发行贷款项目发放及归还情况相关资料，掌握乙归还2700万元贷款及办理新贷款的情况。

2. 调查D市农发行资金进出情况，重点审查应解汇款与临时存款账户的资金去向，发现两笔A公司存入钱款很快汇出至Z公司及其关联公司账户的情况。

3. 调取Z公司及其关联企业银行流水、财务账簿等资料，掌握Z公司归还A公司2700万元的证据。

4. 找Z公司员工吴某和唐某谈话，了解掌握他们按照乙的指示，用个人账户转账至D市农发行应解汇款及临时存款账户的具体经过。

5. 找丙谈话，掌握甲找其沟通融资事宜并承诺高息的证据，核实将 2700 万元汇至 D 市农发行的具体经过。

6. 找乙谈话，掌握其找甲帮忙融资、归还 D 市农发行贷款的证据，核实 Z 公司接收 A 公司钱款、"换旧借新"、归还 A 公司钱款的完整过程。

7. 根据上述证据，找甲谈话，问清其答应帮乙融资、联系丙提供资金、利用职权挪用 A 公司汇入资金给乙以及归还钱款、支付高息的全部事实。

三、心理攻防

【对阵表】

当事人	当事人主要心理状态		办案人员主要攻心策略
	案发前	案发后	
甲	1. 利用丙的资金帮助乙融资还贷，非常隐蔽。 2. 给予丙高息，丙不会有意见，比较安全。	1. 坚称丙的公司没有开立单位银行结算账户，应解汇款及临时存款账户是过渡性质的，这里边的钱不是公款。 2. 丙对于将其汇入的资金挪作他用是明知的，将 2700 万元转给乙使用，并没有违反丙的意思。	1. 抓住应解汇款及临时存款账户内资金亦属银行公款，打击其侥幸心理。 2. 揪住其私刻印鉴行为，揭露其以个人名义挪用公款的主观心态，打击其侥幸心理。 3. 结合乙、丙证言及钱款流转过程，还原挪用公款事实，进一步打击其心理防线。 4. 释法说理，讲清丙动机非法并不影响对其定罪，彻底击垮其心理防线。

【谈话思路演示表】

被谈话人	谈话要点	取证要点
甲	乙的 2700 万元贷款项目是如何归还的？	是我应乙的请求，帮忙联系丙出资解决的。
	丙为什么会同意？	因为我跟丙说融资，答应给丙支付高息，但是将丙资金转出给乙是我私下操作完成的。
	丙的资金是如何给到乙的？	丙的资金通过我行应解汇款与临时存款账户转至乙处，乙办理新贷款后再还给丙。
	你是如何操作将丙的资金转出给乙的？	我填写好电汇凭证，加盖私刻的印鉴后，让经办人员汇入乙指定账户。
	为什么要这样做？丙的资金为什么不直接借给乙？	因为丙不认识乙，也担心资金安全，通过银行操作更安全。
	上述 2700 万元有无归还？	归还了，其中 600 万元直接转入 A 公司自己的账户，1000 万元转入 A 公司在我行的临时账户，另外 1000 万元转至应解汇款与临时存款账户。
	对于上述资金操作，D 市农发行是否知情？是否同意？	不知情，是我个人决定的，整个过程也是我擅自操作完成的。

四、定案关键点

本案中，对甲的行为如何定性，可从以下几个角度进行分析。

1. 甲、乙主观认识的角度。甲本人供述及乙的证言证实，关于挪用 A 公司 2700 万元客户资金给 Z 公司使用，甲对乙表示可以找丙帮忙，但款项须经 D 市农发行处理后再给到乙，且 A 公司的伪造印鉴由甲自己保管。上述甲的行为属于以个人名义将公款供其他单位使用。鉴于Z公司属于私有公司，按照相关司法解释规定，挪用公款给私有公司、私有企业使用的，属于挪用公款归个人使用。

2. 资金流转过程的角度。汇出款项给Z公司的相关书证可以证明，2700万元资金由甲私自填写汇款凭证，加盖本人伪造的A公司印鉴，规避汇款手续审查，以A公司为汇款人，将款项汇出。A公司2700万元资金的转出没有履行贷款发放程序，Z公司还款所用银行凭证上的收款人均为A公司而非D市农发行，其中的600万元更直接被汇至甲指定的A在H省K市的银行账户，没进入D市农发行。上述资金的流转过程体现出甲个人非法支配单位资金的意图和实质，没有表现出D市农发行的单位意志或名义，且由甲自己操作高息支付事宜。

3. 银行掌控资金的角度。银行存款、汇款相关记录显示，D市农发行将2700万元资金均记入法定账目，表明金融机构自身对这些资金是作为正常业务处理；甲采取伪造客户印鉴的方式，使客户资金脱离金融机构，不仅表现出甲的个人名义和意图，实际还侵犯了金融机构对客户资金的占用、使用及收益权，故甲的行为属于擅自挪用。

五、定性结论

甲在担任D市农发行行长期间，利用职务上的便利，以个人名义，将A公司在该行应解汇款及临时存款账户的2700万元资金挪给Z公司及其关联企业使用，属于挪用公款的行为。

六、认识误区表

错误认识	正确理解
公司没有在银行开立单位银行结算账户，资金汇入后被银行应解汇款及临时存款账户解付，并记入银行内部分户账，该资金不属于公款。	内部分户账记载银行内部账户的发生明细，各金融机构均设内部分户账，该账目不属于私设的账外账，属于依法设立的银行科目的法定登记账目，处于银行管理之下，为该行占有、使用及收益，系银行公款。
国有银行行长以高息为诱饵，联系客户存入资金到银行用于其他公司融资；客户为获取高额利差，明知甚至放任自己的资金流入银行后被挪作他用，动机具有非法性，因此银行行长将客户资金挪给其他公司使用的行为不能认定为挪用公款。	动机具有非法性并不妨碍资金实际处于银行管理之下的事实，在金融机构已将客户资金记入法定账目的前提下，资金的占用、使用及收益权并不再单纯受公司的支配，外部资金变为金融机构的资金之后，对银行工作人员及实际使用人而言，即金融机构的公款。即使资金被挪作他用并不违背客户的本意，也欺骗了单位对资金的监管，挪用人的行为属于擅自挪用。

七、金融背景知识补充

应解汇款是核算和反映商业银行收到的各类待解付款项的过渡性账户资金。这些款项包括但不限于本系统、其他商业银行、我国港澳特区商业银行、国外联行汇入的款项，以及未在本行开户的单位、个人需要办理异地汇款而临时存入的款项。应解汇款的全称可以是"应解付款汇入款项"或"应解汇入款项"，是银行在收到各类汇入款项后，完成清算并划转至收款人账户之前的过渡性账户资金。

临时存款账户是存款人因临时需要并在规定期限内使用而开立的银行结算账户。这种账户通常用于办理临时机构以及存款人临时经营活动发生的资金收付。

八、涉案主要法律依据

《中华人民共和国刑法》

第一百八十五条第二款 国有商业银行、证券交易所、期货交易所、证券公司、期货经纪公司、保险公司或者其他国有金融机构的工作人员和国有商业银行、证券交易所、期货交易所、证券公司、期货经纪公司、保险公司或者其他国有金融机构委派到前款规定中的非国有机构从事公务的人员有前款行为的，依照本法第三百八十四条的规定定罪处罚。

第三百八十四条 国家工作人员利用职务上的便利，挪用公款归个人使用，进行非法活动的，或者挪用公款数额较大、进行营利活动的，或者挪用公款数额较大、超过三个月未还的，是挪用公款罪，处五年以下有期徒刑或者拘役；情节严重的，处五年以上有期徒刑。挪用公款数额巨大不退还的，处十年以上有期徒刑或者无期徒刑。

挪用用于救灾、抢险、防汛、优抚、扶贫、移民、救济款物归个人使用的，从重处罚。

第七例

操纵入股村镇银行
托友代持受贿干股

一、案情简介

改革开放以来，我国县域及农村地区经济快速发展；为填补县域及农村地区金融服务空白，村镇银行作为"小法人"新型农村金融机构应运而生。2006年以来，国家陆续出台了多项补贴政策，扶持村镇银行的建设。

自2011年起，银监会将村镇银行的具体实施准入的方式交由各地银监局负责。时任N省银监局党委委员、纪委书记的甲意识到其能够利用监管职权影响村镇银行的设立，便想要从中大肆敛财。

后甲通过中间人介绍认识了乙，二人聊过关于B银行在W市发展及村镇银行的成立事宜，乙认为入股村镇银行后能够获得巨大的收益，故乙希望甲能够帮助自己入股B银行在W市J县和H县的村镇银行，并承诺事后送给甲两村镇银行的股份。

2011年5月、7月，在甲监管职权和职务影响下，B银行的两村镇银行在严重违背中央设立村镇银行政策初衷的情况下违规获得设立批复（B银行董事长另案处理）。随后，甲帮助乙成功入股了两村镇银行。事后，乙为了感谢甲提供的帮助，承诺送给甲 B 银行在 W 市 J 县村镇银行 12% 股份和 H 县村镇银行 9.8% 股份，价值分别为 960 万元、294 万元，共计人民币 1254 万元，相应的股份由甲的好友丙代持。截至本案案发，相关股份未变更至甲名下，甲亦未参与过分红。

二、办案策略

（一）总体思路

瞄准岗位职权，盯住重点领域，发现村镇银行设立隐藏问题；梳理股东情况，分析股权比例，掌握代持股份利益输送线索。

（二）具体措施

1. 根据甲在 N 省银监局的工作职责及分管领域，分析甲可能存在的利用职权为他人谋利的重点环节。

2. 分析 N 省银行业发展情况，发现村镇银行大量无序扩张的情况，掌握 B 银行在 W 市 J 县和 H 县的村镇银行设立过程中存在的问题。

3. 深入分析上述两村镇银行股东情况，排查发现乙入股两村镇银行及丙为股份代持人的线索。

4. 找乙谈话，问清其入股两村镇银行的真实情况，获取甲为其入股提供帮助以及赠送给甲股份的问题线索。

5. 找丙谈话，问清其为甲代持股份的具体情况，证实乙赠送甲股份的情况。

6. 根据上述已掌握证据，找甲谈话，问清为乙入股村镇银行提供帮助及收受乙赠送股份的具体情况。

三、心理攻防

【对阵表】

当事人	当事人主要心理状态		办案人员主要攻心策略
	案发前	案发后	
甲	只是收取乙赠送的股份，没有收钱，不会被发现。	丙代持股份，并未变现，不能算受贿。	1. 围绕村镇银行设立，深入剖析隐藏问题，展现深入办案态势，打消其自以为是、瞒天过海的心理。 2. 揭示入股村镇银行带来的巨大利益以及入股的竞争压力，纠问乙入股的真实原因，使其难以回答，打消其抵赖心理。 3. 根据已掌握乙、丙等人证言，揭秘代持股份的真实意图，彻底打消其心理防线。 4. 阐明非法收受他人财物的司法认定要点，澄清法律模糊认识，打消其侥幸心理。
	帮助乙入股非常隐蔽，乙和相关人不会说出去。	坚称乙满足入股的条件，乙入股与己无关，并未提供帮助。	
乙	未给甲钱物，只是赠送股份，非常安全。	只要坚称入股两村镇银行是自己正常的商业行为即可。	1. 揭示入股村镇银行巨大的竞争压力，纠问其成功入股的真实原因，打消其辩解抵赖的心理。 2. 揭露股份代持的本质，讲明法律规定，阐明行受贿行为实质，彻底打消其心理防线，同时给其出路，争取其积极配合。

【谈话思路演示表】

被谈话人	谈话要点	取证要点
甲	入股村镇银行需要满足什么条件？有无程序要求？	（竞争压力大，入股难度大）
	乙为什么能入股？	我利用职权，向B银行的相关领导打了招呼，帮助乙谋取了竞争优势。
	B银行为什么同意乙入股两村镇银行？	因为在B银行设立村镇银行的过程中，我给与了帮助。
	乙给了你什么钱物？	乙赠送了我两村镇银行的股份。
	乙为什么要送你股份？	对我帮助其入股两村镇银行表示感谢。
	为什么要由丙代持股份？	丙是我同学，这样做既隐蔽又安全。
乙	你为什么能入股两村镇银行？	因为甲提供了帮助。
	为什么要请托甲提供帮助？	因为入股村镇银行竞争压力很大，很多人看到其中利益巨大，都想入股。
	甲提供了哪些帮助？	甲是银监局领导，给B银行相关人员打了招呼。
	你给甲什么钱物了吗？	赠送给甲一些股份。
	为什么要赠送股份，且由丙代持？	为了感谢甲提供的帮助，代持比较隐蔽。
	收到乙款项的去向是？	分给甲485万元，自己留165万元。
	乙打至公司的650万元是什么钱？	是乙给甲的贿赂款。

四、定案关键点

本案中，甲收受干股但由丙代持的行为是否构成受贿罪，定案关键包括以下三个方面。

1. 两村镇银行股份出资款缴纳情况的相关材料：证明案涉干股全部由乙出资，而甲未出资。

2. 甲、乙的言词证据：证明甲在收受干股时具有主观犯意。甲利用职权帮助乙成功入股了两村镇银行，乙为了感谢甲提供的帮助，送给甲两村镇银行的干股，甲亦欣然接受，并主动找人帮其代持。因此，可以认定甲主观上明知受贿对象是干股对应的财产性利益，在甲、乙二人商量时，甲职务的廉洁性已经被侵害。

3. 丙的言词证据：证明甲对该干股具有控制力，股权实际已发生实际转让。本案案涉干股登记在丙名下，丙是甲指定的代持人，与甲之间具有紧密的关系，因此可以认定该干股已经置于甲的实际控制下，股份发生了实际转让。

五、定性结论

甲作为国家工作人员，利用职务便利为乙入股村镇银行提供帮助，在未出资的情况下收受乙提供的干股，并交由自己的亲友代持，对该干股具有控制力，股份已实际转让，因此甲的行为应认定为受贿罪既遂。

六、认识误区表

错误认识	正确理解
案涉干股登记在丙名下，股权未发生实际转让，甲不构成受贿。	丙是甲指定的代持人，且案涉干股已登记至丙名下，乙丧失了对该干股的控制权，而甲取得了对该干股的实际控制权，因此属于已经发生股权转让的情形，应当认定为受贿既遂。
甲没有参与案涉干股的分红，未获得实际的财产性利益，因此不应当认定为受贿罪。	根据《最高人民法院、最高人民检察院关于办理受贿刑事案件适用法律若干问题的意见》规定，国家工作人员利用职务上的便利为请托人谋取利益，收受请托人提供的干股，进行了股权转让登记，或者相关证据证明股份发生了实际转让的，受贿数额按转让行为时股份价值计算，所分红利按受贿孳息处理。本案中，尽管甲未获得股权分红，但案涉干股已发生实际转让，不影响受贿罪的认定，同时股权转让时的价值应当认定为受贿数额。

七、金融背景知识补充

2006年12月20日，原中国银监会发布《关于调整放宽农村地区银行业金融机构准入政策，更好支持社会主义新农村建设的若干意见》，提出农村金融改革试点方案，旨在吸引民资进入银行业，增加农村地区金融供给，改善农村的金融生态。其中的重要举措就包括启动村镇银行的试点工作。该意见规定，村镇银行应采取发起方式设立，且应有1家以上（含1家）境内银行业金融机构作为发起人。单一境内银行业金融机构持股比例不得低于20%，单一自然人持股比例、单一其他非银行企业法人及其关联方合计持股比例不得超过10%。

2007年1月22日，原中国银监会发布《村镇银行管理暂行规定》（已失效），其中第三章明确规定了村镇银行的股权设置和股东资格应当进行审慎核准。2011年7月，《关于调整村镇银行组建核准有关事项的通知》（银监发〔2011〕81号），提出按"集约化发展、地域适当集中"原则，规模化、批量化设立村镇银行；核准模式上，由原中国银监会确定主发起行（包括数量和地点）、各地银监局具体实施准入。

八、涉案主要法律依据

《最高人民法院、最高人民检察院关于办理受贿刑事案件适用法律若干问题的意见》

二、关于收受干股问题

干股是指未出资而获得的股份。国家工作人员利用职务上的便利为请托人谋取利益，收受请托人提供的干股的，以受贿论处。进行了股权转让登记，或者相关证据证明股份发生了实际转让的，受贿数额按转让行为时股份价值计算，所分红利按受贿孳息处理。股份未实际转让，以股份分红名义获取利益的，实际获利数额应当认定为受贿数额。

七、关于由特定关系人收受贿赂问题

国家工作人员利用职务上的便利为请托人谋取利益，授意请托人以本意见所列形式，将有关财物给予特定关系人的，以受贿论处。

特定关系人与国家工作人员通谋，共同实施前款行为的，对特定关系人以受贿罪的共犯论处。特定关系人以外的其他人与国家工作人员通谋，由国家工作人员利用职务上的便利为请托人谋取利益，收受请托人财物后双方共同占有的，以受贿罪的共犯论处。

十一、关于"特定关系人"的范围

本意见所称"特定关系人",是指与国家工作人员有近亲属、情妇(夫)以及其他共同利益关系的人。

第八例

咨询协议暗藏玄机
假借服务收贿敛财

一、案情简介

2010年，因职能调整，C市金融办具有了融资性担保公司和小额贷款公司的预审权和日常监督管理权限。作为C市金融办党组成员、副主任的甲看准了该项业务是一块"大肥肉"，主动要求分管地方金融监管业务。

2016年5月，S投资管理有限公司（以下简称S公司）实际控制人乙想要成立一家文化产权交易中心，其了解到成立该中心需要经过工商登记、文化部门的行政许可、省金融办的批文，拿到金融办的批文之后，还必须办理银商绑定。乙考虑到自身没有能力办理上述事宜，为此通过中间人C市J投资管理有限公司（以下简称J公司）的实际控制人丙找甲帮忙。

甲同意帮忙后，为掩人耳目，经与丙商量，决定以咨询服务费的方式收取乙给与的好处费。于是，丙的J公司与乙的S公司签订了《咨询服务协议书》，约定J公司负责完成设立文化艺术品产权交易中心有限公司工商注册登记、网络文化经营许可证和银商绑定等事项的办理,收取费用为人民币 650 万元。

协议签订后,甲开始为乙陆续办理约定事项:申请设立了 Q 文化艺术品信息服务有限公司(以下简称 Q 公司),办理了艺术品经营单位备案证明和网络文化经营许可证,并与 C 市银行达成银行结算业务合作协议;但是,还没有拿到金融办的批文,而且 Q 公司的工商登记注册名称与之前乙所要求的不一致。甲向乙解释说,由于正在清理整顿期间,比较敏感,不方便变更公司名称,也不会发放批文;但 Q 公司能开展文化艺术品交易的相关业务,待清理整顿过后,甲负责协调继续办理公司名称变更和申请批文。实际上,由于缺少金融办批文,Q 公司与 C 市银行交易资金监管合作业务一直搁置,相关业务也未能如期开展。

在这期间,S 公司向 J 公司银行账户先后六次支付共计人民币 650 万元,丙将上述钱款中的 485 万元以转账及现金的方式支付给甲,另外 165 万元由丙个人支配使用。

截至 2017 年 10 月,Q 公司名称变更和申请批文事宜始终没有办成。于是,Q 公司以 J 公司未能按照《咨询服务协议》约定履行相关设立手续为由,向 C 市人民法院起诉要求 J 公司返还咨询服务费 650 万元。法院审理后认为,从付款时间、付款用途上看,Q 公司所称上述款项系《咨询服务协议》的履行款存疑,并以此驳回了 Q 公司的诉讼请求。

二、办案策略

(一)总体思路

查大额款项来源,查咨询服务真伪,查金融业务虚实,锁定利益输送本质。

（二）具体措施

1. 调取甲个人及家庭成员银行交易明细等银行资料，发现甲收取大额款项情况。

2. 对大额款项交易对手进行调查取证，根据丙公司账户收支情况，发现丙参与收钱分账的线索。

3. 对丙展开谈话，调查了解收取 650 万元及分给甲 485 万元的真实原因，发现乙向甲输送利益的问题线索。

4. 根据丙的证言，对 Q 公司设立、证照申领及银商绑定过程相关情况进行调查取证，发现乙请托甲的谋利点。

5. 找乙谈话，问清请托事项，问清利益输送方式，揭露咨询服务虚假本质。

6. 依据上述相关证人证言及书证，找甲谈话，迫使其如实交代为乙谋利，签订虚假咨询服务协议收受好处的具体情况。

三、心理攻防

【对阵表】

当事人	当事人主要心理状态		办案人员主要攻心策略
	案发前	案发后	
甲	通过丙的公司收取乙给与的好处费，非常隐蔽，不会被发现。	丙不会说出公司账户收到 650 万元与己有关。	1. 展现办案信心，营造"铁证在手"的氛围，打击其自认为行为隐蔽、缜密的侥幸心理。 2. 根据已掌握书证、人证等证据，围绕乙的公司设立、证照申领及银商绑定事项，多层次多角度设置问题，揭露其为乙谋取利益的真实情况。
	通过签订服务协议的方式收钱，形式合法，不会有破绽。	按照咨询服务协议收取咨询费，其性质系个人提供与职务没有关联的有偿咨询服务，不属于受贿。	

续表

当事人	当事人主要心理状态		办案人员 主要攻心策略
	案发前	案发后	
	协议约定的内容均是合法合规的咨询服务内容，且为丙的公司提供服务，没有问题。	为乙办理公司设立、证照申领及银商绑定的相关事项，属于丙的公司提供的正常咨询服务，与自己的职权无关。	3. 阐明为他人谋取利益的司法认定要点，澄清法律模糊认识。 4. 讲清其职责定位和法律规定，阐述职务犯罪实质，揭露其与乙权钱交易本质，打消其沉默抵赖的心理。
	已经为乙办理了公司工商登记、经营许可证、银商绑定，可以向乙交差。	金融办批文没有办下来，不能认为我利用职权为乙谋取利益。	
乙	签有咨询服务协议且通过丙的公司给甲好处费，非常隐蔽。	只要坚称打到丙公司账户里的钱是正常的咨询服务费即可。	1. 加大谈话力度，展现办案决心，利用"信息不对称"优势，瓦解"攻守同盟"。 2. 揪住法院审理情况，纠问咨询服务费的本质，打消其辩解抵赖的心理。 3. 讲明法律规定及刑事政策要求，同时给其出路，争取其积极配合。
丙	通过公司账户收支款项，非常隐蔽；帮甲、乙的忙，对自己也有好处。	坚称自己只是按照甲的要求帮助收款，对个中缘由不清楚，与己无关。	1. 纠问咨询服务的具体内容及签订的真实原因，使其难以自圆其说，打击其"早有准备"的防备心理。 2. 纠问其分得165万元的原因，揭露其伙同甲收受乙好处的事实，迫使其如实交代与甲共谋的具体情况。

【谈话思路演示表】

被谈话人	谈话要点	取证要点
甲	400多万元从何而来？	丙给我的。
	丙为什么给你钱？	是乙给的好处费。
	为什么通过丙的公司收支款项？	丙介绍认识的乙，且通过中间方操作可以规避风险。
	与丙如何共谋的？	（具体过程）
	为什么要签订咨询服务协议？	以合法形式掩盖利益输送行为。
	为乙提供了哪些帮助？	办理公司设立、证照申领、银商绑定等事项。
乙	支付给丙公司的钱是什么钱？	是给甲的好处费。
	为什么给甲好处费？	因为甲提供了帮助。
	甲提供了哪些帮助？	办理公司工商登记、经营许可证、银商绑定等事宜。
	为什么找甲帮忙？	这些事情我没有能力办，需要利用甲的职权。
	当时跟甲是如何商议的？	甲帮忙办事，以咨询服务费的形式，由丙的公司收钱。
	为什么要对丙的公司提起诉讼？	因为甲承诺的办理金融办批文的事情没有办成，我想把钱要回来。
丙	为乙的公司提供了哪些咨询服务？具体情况如何？	没有提供咨询服务，都是甲来为乙办事。
	甲为乙办了哪些事？	办理公司设立、证照申领及银商绑定等事项。
	为什么要签订咨询服务协议？	以合法形式掩盖利益输送行为。
	为什么要帮助甲收款？	乙找到我请托甲办事，经大家商议，通过我的公司收支款项更加安全。

续表

被谈话人	谈话要点	取证要点
	收到乙款项的去向是？	分给甲 485 万元，自己留 165 万元。
	乙打至公司的 650 万元是什么钱？	是乙给甲的贿赂款。

四、定案关键点

本案中，定案的关键是案涉《咨询服务协议书》内容是否真实。以下五个方面的证据可以证明，甲利用职权便利为 Q 公司设立、证照申领及银商绑定提供了帮助，并不只是正常的咨询服务，案涉《咨询服务协议书》是虚假的，其真正的目的是通过支付咨询服务费向甲输送利益。

1. 乙想成立 Q 公司开展经营必须经过审批。S 公司、J 公司、Q 公司的营业执照、工商注册登记资料及股权穿透图证明 S 公司、J 公司的实控人为乙、丙，其中 Q 公司的法定代表人为乙，该公司经营范围中的文化艺术品互联网销售是依法须经批准的项目，须经相关部门批准后方可开展经营活动。

2. 乙需利用甲的职权办理相关审批手续。证人乙的证言证明经丙介绍请托甲帮忙，与 J 公司签订了一份《咨询服务协议》，委托 J 公司完成设立文化艺术品产权交易中心工商注册登记、网络文化经营许可证的办理、银商绑定事项，服务费用是 650 万元。这 650 万元实际上是找关系办理该交易中心相关证照手续的协调费用，所指的关系就是 C 市金融办副主任甲。

3. 乙通过丙的账户向甲支付好处费。丙实控的 J 公司 C 市银行账户、甲实控的 A 行账户银行流水及凭证等书证证明乙先后实际支付 650 万元至 J 公司银行账户，丙分得 165 万元后，J 公司在甲的授意下，转账 485 万元到甲实控的 A 行账户，后甲将其用于个人开支。

4. 乙请托的事项没有完全办成。证人 C 市银行工作人员的证言证明其系 C 市银行中小企业金融部营销经理，2017 年 3 月 14 日，该银行中小企业金融部审核通过了 Q 公司办理交易资金监管合作业务申请，该业务进入了 C 市银行科技部的技术对接阶段。但其审核后发现，Q 公司的业务模式属于国家清理整顿文化类交易场所的范围，办理相关的银商绑定必须要有省金融办的批文，但 Q 公司的材料中缺少金融办的批文，于是向 C 市银行科技部提出了暂停的申请，停止了技术对接。

5. 乙提起诉讼欲要回好处费。C 市人民法院民事判决书证明原告 Q 公司诉被告 J 公司服务合同纠纷一案，原告以原、被告签订的《咨询服务协议》为依据，要求被告退还已付合同款 650 万元。法院未予支持。

五、定性结论

甲身为国家工作人员，利用其金融办副主任的职务上的便利，为乙谋取利益，并伙同丙通过与行贿人乙签订虚假《咨询服务协议》的方式，非法收受、索取他人财物，数额特别巨大，其行为已构成受贿罪。

六、认识误区表

错误认识	正确理解
甲按照咨询服务协议收取咨询费，系个人提供与职务没有关联的有偿咨询服务，其性质系民事合同法律关系，不属于受贿。	C市金融办为C市政府授权主管全市金融工作的部门，协助推动地方金融机构的设立、改制、重组，具备地方政府管理权限内金融机构的日常监督和管理等职能，而甲任该办副主任，其职务权限能够影响C市金融机构的切身利益。所谓咨询服务协议系虚假协议，实质系非法权钱交易，甲利用其作为C市金融办副主任的职务便利，为他人谋取非法利益，并收受贿赂。
甲最终未能完成乙所请托的事项，乙未能实际开展相关经营利益，故甲收受乙财物的行为不宜认定为犯罪既遂，至多认定为未遂。	我国《刑法》规定的受贿罪以"为他人谋取利益"为必备要件，《全国法院审理经济犯罪案件工作座谈会纪要》（法发〔2003〕167号，2003年11月13日发布）中规定："为他人谋取利益包括承诺、实施和实现三个阶段的行为。只要具有其中一个阶段的行为，如国家工作人员收受他人财物时，根据他人提出的具体请托事项，承诺为他人谋取利益的，就具备了为他人谋取利益的要件。"本案中，甲收了钱但最终没办成事的情况，不影响甲为乙谋取利益，亦不影响受贿罪（既遂）的成立。

七、金融背景知识补充

根据中央经济工作会议和全国金融工作会议精神、国发〔2011〕38号和国办发〔2012〕37号文件有关规定及有关政策规定，全国交易场所应开展"五停止"整顿工作，即停止新开户、停止开新仓、停止上市新品种、停止新增会员、停止业务宣传。为落实相关政策要求，C 市出台有关规定，要求清理整顿期间严禁设立任何新的交易场所，同时为切实防范潜在风险，所批设或监管的交易场所被要求必须前往银行办理交易资金的监管手续，也就是俗称的第三方资金监管业务或银商绑定。企业到银行办理第三方资金监管业务时，银行出于风险控制的考虑，一般会要求企业提供相关政府职能部门或金融办的批文才予以办理。

八、涉案主要法律依据

《中华人民共和国刑法》

第三百八十五条　国家工作人员利用职务上的便利，索取他人财物的，或者非法收受他人财物，为他人谋取利益的，是受贿罪。

国家工作人员在经济往来中，违反国家规定，收受各种名义的回扣、手续费，归个人所有的，以受贿论处。

《全国法院审理经济犯罪案件工作座谈会纪要》

第三条第二款　"为他人谋取利益"的认定　为他人谋取利益包括承诺、实施和实现三个阶段的行为。只要具有其中一个阶段的行为，如国家工作人员收受他人财物时，根据他人提出的具体请托事项，承诺为他人谋取利益的，就具备了为他人谋取利益的要件。明知他人有具体请托事项而收受其财物的，视为承诺为他人谋取利益。

第九例

以贷谋利放贷收息
全家动员高息敛财

一、案情简介

2017年至2021年2月，甲在担任X市信用融资担保集团有限责任公司（以下简称信保集团）董事长期间，陈某、张某等9人实际控制的公司急需资金又不具备银行贷款条件，甲利用职务便利使信保集团对他们提供了一些短期借款业务。

在此期间，考虑到上述企业有资金需求，甲打算借机用其家庭内部的资金向上述公司提供借款获取高额利息。甲与其妹妹、妻子商议，将其个人的2000多万元、其妹妹的2000多万元和其妻子娘家几百万元转入其妹妹招商银行卡中，对外进行资金出借，甲妻子负责具体操作办理，按照12%的利率给家人支付利息。

之后，甲主动向陈某等9人提出以其妹妹名义放贷，双方签订借款协议，按3%月利率收取利息。陈某等9名私营企业主考虑到，需要与信保集团长期保持合作，甲作为信保集团的董事长对短期借款、资金担保等业务有决定权，所以对于甲个人出借资金提出的利息没有人拒绝。甲个人累计向陈某等9人放贷合计5240万元，收取利息合计 828.51 万元。

二、办案策略

（一）总体思路

查资金往来，查借款目的，查谋取利益，定权钱交易。

（二）具体措施

1. 调查甲个人及家庭财产状况，根据银行流水查明交易对手信息，分析资金交易规律，掌握通过甲的妹妹银行账户放贷收息的问题线索。

2. 找甲的妹妹谈话，了解掌握其按照甲的要求办理银行卡，由甲妻负责管理，给相关企业放贷收息的情况。

3. 找甲的妻子谈话，了解掌握甲提出用家庭内部资金给有资金需求的企业放贷，收取高额利息的情况。

4. 根据上述证言及书证，找借款企业负责人逐一谈话，了解其按照甲提议借款付息的情况，重点问清借款目的，掌握甲帮助企业从信保集团获得贷款的证据。

5. 找借款企业财务及相关工作人员谈话，调查了解企业资金运转情况，掌握向信保集团贷款以及向甲个人贷款付息的证据。

6. 找信保集团相关工作人员谈话，掌握甲利用职权，帮助涉案企业获得贷款的具体经过。

7. 找甲谈话，问清为陈某等人贷款提供帮助以及向企业放款收息的全部经过，重点问清收取高额利息的主观目的。

三、心理攻防

【对阵表】

当事人	当事人主要心理状态		办案人员 主要攻心策略
	案发前	案发后	
甲	1. 陈某等人企业缺钱，借钱给他们，他们会需要的。 2. 为陈某等人贷款提供过帮助，尽管利息高点，他们也不会有意见。	坚称出借资金来源正当，都是其家人合法收入；借款人有借款需求；年利率36%的利息未超过法律规定，属于正常的民间借贷。	1. 纠问借款由谁主动提出、利息如何约定，揭示其索贿目的，打击其侥幸心理。 2. 抓住36%高利率，揭示陈某等人真实借款目的，打击其抵赖心理。 3. 抓住陈某等人从信保集团获得贷款，结合相关证言，揭露甲为他人谋取利益，进一步打击其心理防线。 4. 讲清法律规定，揭示受贿犯罪本质，释法说理，促使其认罪悔罪。

【谈话思路演示表】

被谈话人	谈话要点	取证要点
甲	向陈某等人借款的资金来源是什么？	是我本人、我妹妹和我妻子娘家的钱。
	谁提出来的借款？	是我主动提出来的。
	借款利息是如何约定的？	我提出的按照年化36%收取利息。
	为什么要主动提出向陈某等人借款以及要如此之高的利息？	为了在陈某等人缺钱之际，赚些利息。
	陈某等人为什么要向你借款并支付如此之高的利息？	主要是为了感谢我帮助他们从信保集团贷款，同时也为了与我保持好关系，不然不会支付高利息。

续表

被谈话人	谈话要点	取证要点
	你是如何为陈某等人提供帮助的?	由于他们的企业不具备贷款条件,我向信保集团相关工作人员打了招呼。
陈某等人	借款之事及36%的年化利率是谁提出来的?	是甲提出来的。
	为什么同意向甲借款并支付如此之高的利息?	担心不向甲借款会得罪他,同时也为了感谢甲提供的帮助,请他以后继续关照。
	当时,企业还有无向他人借款,利息多少?	当时,主要是向银行等金融机构借款,没有如此高的利息。
	当时,是否必须向甲借款?	不是必需的,当时企业资金还可以正常运转,其他渠道也可以满足资金需求。
	甲为你提供了什么帮助?	甲帮助企业顺利从信保集团取得贷款。

四、定案关键点

1. 甲的妹妹、妻子的证言,证实甲让其妹办理银行卡,存入家庭内部资金以及让其妻子负责管理资金,用于对外放贷,收取高额利息的详情。

2. 甲的本人供述,证实甲向相关工作人员打招呼,为陈某等人贷款"开绿灯"的经过以及向这些人提供家庭资金放贷收息的事实;甲明白陈某等人同意以36%的年利息借款,是为了对自己在信保集团放贷的事情上表示感谢,也是与信保集团长期保持合作的需要。

3. 证人陈某、张某等9人的证言,证实2017年至2021年2月甲为陈某等人从信保集团贷款提供了帮助,为了对甲表示感谢,同时为了让信保集团日后继续给借款人的公司提供资金支持，遂答应甲主动提出的以个人资金出借及高达 36% 年利息的要求，实际上并非必需。

4. 陈某、张某等 9 人实控企业财务账簿、银行流水等资料，结合上述 9 人及企业相关工作人员证言，证实从信保集团贷款的具体情况，同时从未以 36% 高息向他人借款，财务实际情况也并非必须向甲借款。

上述关键性证据，相互配合，能够还原甲利用职权为他人谋取利益，以放贷收息形式索贿的事实。

五、定性结论

甲身为国有公司董事长，以民间借贷为名行索贿之实，其利用职务便利向借款人提出高额借贷，并为借款人谋取利益的行为，构成受贿罪。

六、认识误区表

错误认识	正确理解
身为国家工作人员的行为人向有生产经营需求的借款人借款，借款人借款与行为人没有职务关系，且资金来源、利息利率合法，截至案发仍有大额本金未还清，行为人收取利息的行为属于正常民间借贷，不应认定为受贿。	一要看高息放贷的行为是不是平等主体之间的民间借贷关系。重点审查借贷双方地位和关系是否平等，提出借款需求的是否为借款人，关于利息和借款期限的约定是否真实自愿等。二要看放贷收息的行为是否符合受贿罪权钱交易的本质特征。重点审查出借人是否具有职务便利，借款人是否具有请托事由，有无为借款人谋取利益。总之，要透过借贷关系的表象，审查是否隐藏受托人与请托人之间利用放贷收息付息进行的利益输送。

七、金融背景知识补充

年化利率是指通过产品的固有收益率折现到全年的利率，可用于衡量借款成本或投资收益。

信用融资担保是指由专业的担保机构为借款人（企业或个人）向银行或其他金融机构融资时提供担保服务，以降低贷款风险，促进资金融通。

八、涉案主要法律依据

《中华人民共和国刑法》

第三百八十五条 国家工作人员利用职务上的便利，索取他人财物的，或者非法收受他人财物，为他人谋取利益的，是受贿罪。

国家工作人员在经济往来中，违反国家规定，收受各种名义的回扣、手续费，归个人所有的，以受贿论处。

第十例

虚假融资异常回购
股权代持牟取暴利

一、案情简介

甲，曾任 A 资产管理股份有限公司（国有非银行金融机构，以下简称 A 公司）的总裁助理及投资投行事业部总经理，同时兼任 A 公司全资子公司的 B 投资管理有限公司（以下简称 B 公司）的总经理及董事长职务。

在 2015 年至 2017 年任职期间，甲利用其职务上的便利，为乙所控制的 C 公司提供了多方面的帮助。这些帮助包括协助 C 公司借壳 D 公司以实现上市以及确保 C 公司获得 B 公司的融资支持。经过一系列操作，C 公司成功借壳 D 公司上市，上市后的 D 公司股票更名为 C 公司股票。

为表示对甲的感激，乙向甲提出可以让甲通过股权收益权代持融资的方式分享 C 公司上市后的红利。甲与朋友丙商议后表示同意，并于 2016 年 9 月，由丙与乙签订股权收益权代持协议。根据该协议，乙将 C 公司 500 万股的股权收益权以每股 7.26 元的上市前价格转让给丙，这个价格远低于当时的市场价，协议规定有效期至少为一年，回购股份的金额将按照退出日前20个交易日均价的9折来计算。随后，丙向乙支付3630万元价款。

2017年3月，尽管协议的有效期尚未期满，但丙观察到市场行情良好，C公司股价已经翻倍。为了及时回笼资金并确保收益，丙在甲的协调下，与乙再次签订了协议，约定由乙提前回购这些股权收益权。此次回购的总价款高达6200万元。2017年4月至7月，乙分两次将6200万元转账给丙。丙因此实际获益2570万元，并与甲约定将这部分收益平分。

二、办案策略

（一）总体思路

抓住收益权代持协议，分析转让回购异常，深挖甲为乙谋利事项，还原受贿犯罪真相。

（二）具体措施

1. 调取甲的银行流水，发现其接受丙转账1000余万元的问题线索。

2. 调取丙的银行流水，掌握其与乙之间的经济往来情况。

3. 找丙谈话，纠问其与乙之间经济往来的动机、起因，掌握其与甲合谋，与乙之间转让、回购股权收益权的整个过程。

4. 调取股权收益权代持协议，分析研究协议内容，掌握协议签订及履行异常情况。

5. 找乙谈话，核实其与丙之间虚假转让、回购股权收益权的情况，掌握其与甲相互之间利益输送的证据。

6. 根据上述证据，找甲谈话，一次性突破，核实其为乙公司上市提供帮助及与丙合谋通过股权收益权转让、回购收取乙好处的事实。

7. 调取 C 公司借壳上市相关资料等书证，补充完善证据。

三、心理攻防

【对阵表】

当事人	当事人主要心理状态		办案人员 主要攻心策略
	案发前	案发后	
甲	通过丙与乙合作，不会被人发现与己有关。	1. 坚称自己未与丙合谋，乙、丙之间经济往来与己无关。 2. 乙、丙之间股权收益权转让、收购是正常市场行为，不是犯罪。 3. 乙、丙不会说出实情。	1. 纠问其收取丙大额转账的原因，打击其心理防线。 2. 利用信息不对称优势，纠问其与丙共谋的情况，迫其交代收受乙好处的实情。 3. 揪住 C 公司获得 B 公司融资支持及 C 公司上市，纠问其为乙提供帮助的情况。 4. 深入剖析股权收益权转让、回购的异常表现，打击其侥幸心理。
乙	通过与丙合作股权收益权转让、回购给甲好处，非常隐蔽。	甲不会说出实情，只要坚称是正常的资本市场交易行为即可。	1. 揪住乙、丙之间大额经济往来，问清股权收益权转让、回购的整个过程，打击其侥幸心理。 2. 揪住股权收益权转让、回购的背景、时机等异常情况，加大谈话力度，打击其抵赖心理。 3. 纠问股权收益权转让、回购的真实原因，迫使其交代与甲共谋的实情，彻底击垮其心理防线。 4. 讲清法律规定和刑事政策，给其出路，争取主动配合。
丙	按照甲的意思办，还能分得一半的利益，风险不大，收益较高。		

【谈话思路演示表】

被谈话人	谈话要点	取证要点
甲	你收到的 1000 多万元钱款是什么钱？	是丙给我的他的股权收益权的回购款。
	丙为什么要给你 1000 多万元？	是我安排的丙与乙合作，通过转让、回购股权收益权而获利。
	乙为什么要转让、回购股权收益权？	实际上，是为了给我好处。
	为什么要通过转让、回购股权收益权的方式给你好处？	这样做比较隐蔽，表面上是正常的资本市场交易行为，其实存在很多异常。
	你与乙和丙如何商议的？	（具体商量的过程）
	乙为什么要感谢你？	因为我在乙的企业上市等方面提供了帮助。
	你是如何为乙公司上市提供帮助的？	我利用职务便利，协助 C 公司借壳 D 公司以实现上市以及获得 B 公司的融资支持。
乙	当时有无转让股权收益权给丙的必要？	没有必要，当时 C 公司不缺钱且已经上市，股权价格正在上涨。
	股权收益权转让价格是否正常？	不正常，转让价格是按照 C 公司上市前的价格计算的。
	为什么要提前回购股权收益权？	是按照甲的要求，提前兑现收益，所以提前 6 个月回购。
	你将公司股权收益权转让给丙而后又回购的真实目的是什么？	是为了通过丙给甲好处。
	为什么要给甲好处？	因为甲曾给我提供帮助。
	甲给你提供了什么帮助？	为 C 公司借壳上市等提供帮助。

续表

被谈话人	谈话要点	取证要点
丙	你为什么要跟乙签订股权收益权代持协议？	是按照甲的意思，乙通过这种方式将500万股股权收益权转让给我，而后再由乙回购。
	有无按协议约定回购股权收益权？为什么？	没有，提前回购了，因为甲要提前兑现收益。
	回购收益有多少？你给了甲多少？	实际获益2570万元，与甲平分。
	你们为什么要这么做？	是甲安排的，我知道是乙要通过此种方式给甲好处，以感谢甲对乙公司上市等提供的帮助。

四、定案关键点

本案中股权收益权转让行为是否为正常的市场行为，是判定甲是否构成犯罪的关键点，可从以下几个方面分析。

1. C公司财务资料及乙本人证言，证明股权收益权代持协议签订背景存在异常。一是甲安排丙与乙签订协议时，C公司并没有大额融资需求；二是当时C公司已经上市，股权价格正处于上涨区间。在这样的背景下，乙将500万股股权收益权转让给他人，属于让渡具有高度确定性的预期利益，不符合常理。

2. 丙向乙转账的记录及股权转让协议，证明银行股权收益权转让价格异常。双方签订协议时C公司已经上市，甲丙和乙按照C公司上市前的价格计算应支付的价款，显然与正常交易价格不符。

3. 股权转让协议、丙的证言及相关银行流水，证明股权收益权回购时间异常。股权收益权代持融资协议约定协议有效期至少为一年，也就是甲至少在一年后方能要求乙回购股权收益权，但在协议签订后六个月左右，甲为兑现收益，即要求乙提前回购，有违协议约定的主要条款。

综上，涉案股权收益权代持协议具有虚假性，甲、乙双方行为本质上系权钱交易。

五、定性结论

甲利用自身职务便利，为乙实际控制的相关公司借壳上市、获取融资等提供帮助，与丙合谋，通过股权收益权代持融资的方式享受C公司上市红利，谋利与受财具有对应性，构成受贿罪。

六、认识误区表

错误认识	正确理解
本案所涉及的股权收益权转让属于资本市场正常的融资方式，不构成犯罪。	判定是否属于资本市场正常的股权收益权代持融资，不能只看表面形式，还要分析行为是否存在异常，是否与行为人自身职权有无关联。如本案中，须重点分析股权收益权转让协议签订背景、转让价格、回购时间等。

七、金融背景知识补充

股权收益权代持：在资本市场中，股权收益权代持是一种常见的融资手段，通过代持协议，一方（代持人）代为持有另一方（实际权益人）的股权收益权，以此进行融资或其他资本运作。然而，在实际操作中，这种代持行为可能被用于掩盖真实的利益输送或非法交易。

八、涉案主要法律依据

《中华人民共和国刑法》

第三百八十五条　国家工作人员利用职务上的便利，索取他人财物的，或者非法收受他人财物，为他人谋取利益的，是受贿罪。

国家工作人员在经济往来中，违反国家规定，收受各种名义的回扣、手续费，归个人所有的，以受贿论处。

第十一例

违规放贷收贿挪款
权钱交易终陷囹圄

一、案情简介

某健集团（另案处理）于2002年8月29日通过参加公开拍卖，以人民币1.8亿元的价格竞拍购买某达锦纶股份有限公司（以下简称某达公司）8100万股国有法人股（以下简称某达股份）。按照拍卖成交确认书规定，买受人某健集团应在2002年11月28日前付清全部拍卖款及佣金。

某健集团因资金严重短缺，无法在规定的时间内付清拍卖款项，遂决定由某健集团董事长乙（另案处理）出面联系申请银行贷款。同年9月，乙找到J工商银行行长甲，请求给予帮助。乙在与甲商谈、办理贷款期间，为了感谢甲提供的帮助，二人商议，乙代表某健集团口头承诺给予甲某健集团持有的上述某达股份利润的20%的好处。而后，乙将该口头承诺告知了某健集团另外两名股东，两人均表示同意。

2002年10月，甲明知中国人民银行《贷款通则》有关借款人不得用贷款从事股本权益性投资的规定，在某健集团以下属企业购买材料款的名义向 J 工商银行申请贷款过程中，操纵银行内部的贷款审核过程，帮助某健集团从 J 工商银行获得贷款共计人民币 1.3 亿元。某健集团于 2002 年 10 月 25 日使用上述贷款付清拍卖成交款项，至 2003 年下半年才陆续归还上述贷款。

在上述贷款放款前，某健集团因资金周转困难，乙又找甲借款。甲违反规定，擅自决定将 J 工商银行在香港南洋商业银行账户（"小钱柜"）内的资金免息借给某健集团使用。2002 年 9 月 18 日，J 工商银行工作人员按照甲的指示将港币 1590 万元转账到某健集团在香港的银行账户上。3 个多月后，某健集团将上述借款本金还回 J 工商银行。

某健集团分别于 2003 年 8 月、2005 年 4 月，以其全资子公司 J 市某健投资有限公司（以下简称某健投资公司）、J 市某力投资有限公司（以下简称某力投资公司）名义购买某达公司法人股各 1500 万股。

2005 年 5 月，乙等三名股东根据此前口头承诺与甲签署书面《承诺书》，三人承诺某健集团以及某力投资公司、某健投资公司持有的某达公司股份及其产生的其他项目的权益及债务的 20% 属于甲。

2005 年 8 月底，甲从工商银行辞职，应乙邀请到某健集团工作，担任某健集团董事、常务副总经理。2007 年年初，甲筹建成立了 G 省某林商贸有限公司（以下简称某林公司）。2007 年 10 月，甲与某健集团部分股东产生矛盾，被辞退后离开某健集团。

2007 年 5 月至 12 月，某健集团陆续卖出某健投资公司、某力投资公司的 3000 万股某达公司股份。某健集团的工作人员按照乙的指示，将其中某力投资公司卖出某达股份得款人民币 1.39 亿元中 4000 万元转到甲所有的某林公司银行账户，以兑现上述对甲的承诺。转款后，乙告知了另两名股东，二人当时均未提出异议。2007年5月16日甲将上述款项中的1550万元以某林公司名义用于投资购买仓库及仓库装修和借贷他人。

二、办案策略

（一）总体思路

查家庭资产，问钱款来源，查贷款借款，问原委过程，查本人职权，定权钱交易。

（二）具体措施

1. 调查甲个人及家庭资产情况，包括甲名下及出任股东的公司情况，掌握某林公司由甲持有100%股权的证据。

2. 调取某林公司账户交易明细及财务账簿，查看大额资金进出情况，掌握某健集团向其转账4000万元的证据及用该款项购买仓库等情况。

3. 调取某健集团及关联企业资料及账户交易明细，弄清企业股权架构、股东构成等情况，掌握上述4000万元资金来源，发现1590万元港币转入香港账户的问题线索。

4. 找某健集团相关工作人员谈话，掌握上述4000万元按照乙的指示转给某林公司的真实原因以及上述1590万元港币系J工商银行借款的证据。

5. 找乙谈话，问清4000万元转账原因，掌握其请托甲对某健集团申请贷款提供帮助及找甲借款的证据，同时掌握其已告知另两名股东将某达股份利润的20%作为好处给与甲的情况。

6. 调取J工商银行给与某健集团1.3亿元贷款以及1590万元港

币借款的相关资料，找银行相关工作人员谈话，掌握甲操纵银行内部贷款审核过程的证据以及从"小钱柜"转出资金给某健集团使用的情况。

7. 根据上述证据资料，找甲谈话，问清甲利用职权为某健集团贷款提供帮助及借款的具体过程，还原"权钱交易"真相。

三、心理攻防

【对阵表】

当事人	当事人主要心理状态		办案人员主要攻心策略
	案发前	案发后	
甲	1. 乙已作口头承诺并签订书面承诺书，离职后再收取某健集团给与的好处，比较安全。 2. 借清理银行在境外款项的机会将香港账户款项借给某健集团使用，非常隐蔽。	1. 坚称4000万元是某健集团对某林公司的投资款，并非个人所有。 2. 坚称因央行要求收回境外资金，"小钱柜"内的资金系违规，只能以公司借款的方式回笼，所以找到某健集团帮忙。	1. 抓住某林公司为甲实控且涉案4000万元系卖出某达股份利润的20%，揭示该款项实为受贿款，打击其抵赖心理。 2. 抓住某健集团缺乏资金的实际，结合已掌握乙的言词证据，揭示甲明知乙请托为某健集团提供帮助，打击其侥幸心理。 3. 根据J工商银行工作人员证言，纠问其为某健集团提供帮助的具体操作过程，进一步击垮其心理防线。 4. 阐释法律规定，讲清"谋取个人利益"认定要点，纠正侥幸认知，迫使其认罪伏法。

续表

当事人	当事人主要心理状态		办案人员主要攻心策略
	案发前	案发后	
乙	1. 已承诺给甲好处，甲肯定会帮忙贷款。 2. 正值总行要求清理境外款项，甲可以借机提供借款，冠冕堂皇。	1. 坚称贷款程序合法正规。 2. 坚称转给某林公司的4000万元系某健集团的投资款。	1. 抓住某健集团亟须支付拍卖款及佣金，纠问其钱款来源，打消其侥幸心理。 2. 揪住4000万元对应某达股份利润的20%，纠问其承诺给与甲好处的原因，打击其抵赖心理。 3. 利用信息不对称优势，纠问其请托甲帮忙以及与另外两名股东沟通给甲好处的经过，迫使其交代实情。

【谈话思路演示表】

被谈话人	谈话要点	取证要点
甲	某健集团的贷款项目是否违规？	违规了，法律明确规定贷款不能用于股本权益性投资。
	为什么某健集团能够成功办理贷款？	我提供了帮助，我主导该贷款项目，向工作人员要求将贷款合同中的贷款用途写为材料款。
	为什么要给某健集团贷款提供帮助？	乙找到我请我帮忙，承诺给我某达股份利润的20%。
	上述承诺兑现了吗？	兑现了，在我离开某健集团后不久给了我相应比例的4000万元。
	上述4000万元干什么用了？	用来购买仓库和装修及还债了。
	某林公司是由谁实控？	由我来实控，账户资金由我掌握。
	还为某健集团提供了什么帮助？	还在某健集团资金缺乏请我帮助贷款期间，将J工商银行在香港账户的资金借给其使用。

续表

被谈话人	谈话要点	取证要点
乙	某健集团是如何支付某达股份的拍卖款及佣金的？资金来源？	是从 J 工商银行贷款来的。
	某健集团是否符合贷款条件？	不符合，由甲提供了帮助。
	是否给与甲好处费？	先是承诺给甲某达股份利润的 20%，而后兑现了承诺，在甲离开某健集团后按其要求给甲实控的某林公司转入 4000 万元。
	甲还为某健集团提供了什么帮助？	甲还将 J 工商银行在香港的资金借给某健集团用了 3 个多月。

四、定案关键点

本案对甲的行为的评价由两部分组成。

（一）关于是否构成受贿罪

1. 在案证据可以认定某林公司就是甲控制的公司，而非某健集团下属公司，故该公司账户收到的 4000 万元就是某健集团给甲个人的好处费，并非投资款。（1）某林公司工商登记资料反映，甲的出资比例为 100%，该公司法人代表也表示未参与任何具体经营活动；（2）某健集团多位股东证言可以证实，某林公司虽在甲于某健集团任职期间成立，但并非集团授意，该公司经营与控制权均在甲手上；（3）通过查阅某林公司财务报表、支出审批单、检查审计的相关资料等以及公司印章，可以发现某林公司与某健集团并无任何管理关系；（4）某林公司多位员工证言可以证实，某林公司是甲的自办公司，与某健集团没有关系，公司大笔资金调动由甲决定；（5）购买仓库相关款项的审批单证明，该款项由甲自己最终审批，并没有某健集团人员的审批签名；（6）某健集团三名股东言词证据及甲本人供述可以相互印证，某健集团最初对甲口头承诺，到后来股东三人向甲出具书面承诺书，最后汇入某林公司4000万元，就是为了兑现给甲好处的承诺。

2. 甲利用职务便利为某健集团谋取了利益。（1）甲本人供述及乙等三名股东言词证据证实，某健集团为收购某达公司的股份缺乏资金向银行贷款而请求甲提供帮助，甲对某健集团申请贷款的用途及违规使用是明知的；（2）具体负责贷款发放和监管的支行相关人员证实了甲在该笔贷款审批中的作用；（3）负责贷款审核及监管的J分行的相关工作人员证言也能证实甲利用职务上的便利为促成涉案贷款所起的作用。

（二）关于是否构成挪用公款罪

1. 甲本人供述及乙的言词证据证实，甲明知某健集团因收购某达公司股份缺乏资金，该1590万元港币借款正发生在其为某健集团获得银行贷款提供帮助期间。

2. 银行相关办理转款业务的工作人员证言证实，甲擅自决定并指使、安排相关人员办理转款事项。

五、定性结论

甲利用其担任J工商银行行长的职务便利，为某健集团获得银行贷款及港币1590万元免息借款提供帮助，并且在其离职后按之前的约定收受某健集团给予的人民币4000万元，其行为已构成受贿罪。

同时，甲指使他人为某健集团提供港币1590万元免息借款的行为，属于个人决定以单位名义挪用公款给私有公司、企业使用，谋取个人利益，超过 3 个月未还，情节严重，构成挪用公款罪。对甲应当数罪并罚。

六、认识误区表

错误认识	正确理解
行为人离职后在请托人（单位）工作期间成立由其任大股东的公司，后请托人（单位）向该公司账户汇入款项，该款项应当视为投资性质，而非受贿款。	区分投资款还是受贿款的关键在于该由行为人任大股东的公司是其本人控制的公司还是请托人（单位）的下属公司，款项从请托人（单位）转到该公司后由谁支配、使用。要结合具体案情，从在案证据上加以分析。若公司为行为人实控且款项也由行为人支配，加之具有请托事项，应当认为系贿赂款项。
私营企业因缺少资金，找国有银行行长借款，行为人利用职务之便，以单位名义，指使他人将银行公款免息借给私营企业使用，其本人没有收取任何财物，不属于挪用公款"归个人使用"。	相关司法解释规定：挪用公款给私有公司、私有企业使用的，属于挪用公款归个人使用。 相关立法解释规定：个人决定以单位名义将公款供其他单位使用，谋取个人利益的，属于挪用公款"归个人使用"。"谋取个人利益"，既包括行为人与使用人事先约定谋取个人利益实际尚未获取的情况，也包括虽未事先约定但实际已获取了个人利益的情况。其中的"个人利益"，既包括财产性利益，也包括非财产性利益。因此，行为人未事先约定或者未收取财物，不影响挪用公款罪的认定。

七、金融背景知识补充

股本权益性投资是指投资者通过购买股票、股权等方式，成为被投资单位的股东，享有股东权益并承担相应风险的投资行为。这种投资方式的特点是投资者拥有被投资单位的所有权或控制权。

贷款审核与发放是银行等金融机构对借款人提出的贷款申请进行审查、评估，并决定是否发放贷款以及贷款金额、期限、利率等条件的过程。

八、涉案主要法律依据

《中华人民共和国刑法》

第三百八十四条第一款 国家工作人员利用职务上的便利，挪用公款归个人使用，进行非法活动的，或者挪用公款数额较大、进行营利活动的，或者挪用公款数额较大、超过三个月未还的，是挪用公款罪，处五年以下有期徒刑或者拘役；情节严重的，处五年以上有期徒刑。挪用公款数额巨大不退还的，处十年以上有期徒刑或者无期徒刑。

第三百八十五条第一款 国家工作人员利用职务上的便利，索取他人财物的，或者非法收受他人财物，为他人谋取利益的，是受贿罪。

《最高人民法院关于审理挪用公款案件具体应用法律若干问题的解释》

第一条 刑法第三百八十四条规定的"挪用公款归个人使用"，包括挪用者本人使用或者给他人使用。

挪用公款给私有公司、私有企业使用的，属于挪用公款归个人使用。

《全国人民代表大会常务委员会关于〈中华人民共和国刑法〉第三百八十四条第一款的解释》

……

有下列情形之一的，属于挪用公款"归个人使用"：

（一）将公款供本人、亲友或者其他自然人使用的；

（二）以个人名义将公款供其他单位使用的；

（三）个人决定以单位名义将公款供其他单位使用，谋取个人利益的。

……

第十二例

徇私放贷肆意妄为
实控公司贿赂套贷

一、案情简介

A银行股份有限公司（以下简称A银行）系国家出资企业。2006年至2017年，经中共A银行T分行委员会研究决定，甲先后担任A银行T分行支行1、支行2、支行3行长职务，其主要职责系检查、督促各岗位业务流程的合规操作，以保证业务正常开展；严格执行大额现金支付、贷款等各项审批制度，加强风险防控，提高资产质量等。

2012年，B石油钻杆有限公司（以下简称B公司）的实控人乙打算扩展海外市场、开办小额贷款公司，想用B公司在A银行获取大额贷款，但是B公司尚有欠A银行的贷款没有归还，不符合贷款的资质和条件。甲向乙提示，可用B公司的关联企业C石油开发投资有限公司（以下简称C公司）申请贷款。于是，乙以C公司的名义提交了贷款材料。A银行信贷员王某初步审核后，发现由于C公司成立后并未开展实际业务，乙提交的授信贷款资料中存在夸张的成分，其中还隐瞒了乙的实际学历和前科情况以及不良征信的情况。

王某将上述情况报告给甲，甲视而不见并指使王某帮助完善虚假贷款材料，办理贷款手续，最终帮助乙以 C 公司的名义从 A 银行获取贷款 3 亿元。其间，甲收受乙给予的好处费共计人民币 272 万元。

另外，乙为感谢甲在 C 公司贷款方面给予的帮助，以及日后能够更好地利用甲和曾在某银行任职的丙的银行资源，经与甲、丙商议后，决定甲、乙、丙三人共同成立 D 小额贷款有限公司（以下简称 D 公司），注册资本人民币 5000 万元，甲和丙各占一股，每人获得干股 1500 万元，甲的出资由乙解决。甲是银行工作人员，不方便进行工商登记，于是乙向甲提供的亲属徐某、田某、王某银行账号内分别汇入人民币 4999999 元，后徐某、田某、王某以其各自名义，作为 D 公司的股东分别实缴出资人民币 500 万元，共占 D 公司 30% 股权，甲及其亲属均不参与运营。D 公司实际运营了将近 2 年时间，由于无法收回放出去的贷款于 2014 年左右停止运营，D 公司成立的第一年分过红。

截至 2017 年 4 月案发时，乙以 C 公司名义在 A 银行的逾期贷款本金 2.96 亿元已批量转让他人，转让价款 1597 万元，核销贷款本金约 2.8 亿元。

二、办案策略

（一）总体思路

从贷款项目突破，查公司股权出资，揭背后利益输送，定权钱交易性质。

（二）具体措施

1. 调取 A 银行放贷项目资料，掌握 C 公司大额贷款未归还的情况。

2. 对 C 公司贷款资料进行审查核实，找信贷员王某等相关人员谈话，发现掌握材料造假的问题线索及受甲指示放贷的证据。

3. 调取 C 公司工商资料，掌握公司股权比例、股东组成及出资情况，同时掌握公司经营管理状况。

4. 调取 C 公司股东徐某、田某、王某银行流水，掌握乙向该三人银行账号内分别汇入 4999999 元而后三人实缴出资 500 万元的情况。

5. 找徐某、田某、王某谈话，掌握该三人按照甲的安排，替甲收受乙提供的出资款的证据，同时了解公司有无实际经营及分红情况。

6. 调取乙本人及关联企业银行流水，掌握乙给甲 272 万元及按照甲的要求给甲的三名亲属提供出资款的证据。

7. 找乙谈话，问清其给甲 272 万元及提供 14999997 元出资款的真实目的，掌握其请托甲对 C 公司贷款提供帮助的具体情况。

8. 根据上述证据，找甲谈话，问清其收受乙给与的好处费 272 万元，安排亲属以出资款名义收受乙的感谢费 14999997 元，利用职权为乙贷款提供帮助的全部事实经过。

三、心理攻防

【对阵表】

当事人	当事人主要心理状态		办案人员主要攻心策略
	案发前	案发后	
甲	1. 通过家人持有 D 公司 30% 股份获得分红收益，很隐蔽。	1. 坚称亲属作为 D 公司股东只是名义上的工商登记，其股权不具有真实价值。	1. 揪住 C 公司贷款资料造假，纠问其提供帮助实情，打击其心理防线。

续表

当事人	当事人主要心理状态		办案人员主要攻心策略
	案发前	案发后	
	2. 该30%股份出资款由乙提供，三位亲属象征性地加1元钱，能规避调查风险。	2. 坚称自己对亲属名下1500万元出资额不能控制，亦未取得过分红。	2. 揪住出资款项由乙支付，纠问其真实原因，打击其侥幸心理。 3. 出示D公司实际经营及分红的相关证据，攻击其虚假辩解。 4. 根据其三名亲属及乙、丙的言词证据，揭示其以出资款名义收受乙给与的好处，打击其抵赖心理。 5. 阐释受贿罪本质，澄清模糊认识，揭示其行为的严重危害性，促使其认罪伏法。
乙	1. 通过提供出资款的形式给甲好处，非常隐蔽。 2. 款项入资后还能用于公司经营，一举两得。	1. 坚称转给甲亲属的款项并非赠送给甲的出资款，只是为了D公司注册使用。 2. 即便构成犯罪，也是单位行贿，并非个人行为。	1. 揪住其贷款材料造假，揭露其请托甲帮忙，纠问其给与甲好处的情况，打击其心理防线。 2. 结合甲、丙的言词证据，揭露其以出资款名义给甲好处，打击其抵赖心理。 3. 根据信贷员王某证言及相关证据，问清其公司真实经营管理情况，揭露其个人行为本质，打击其抵赖心理。

【谈话思路演示表】

被谈话人	谈话要点	取证要点
甲	C公司贷款资料是否属实？是否符合贷款条件？	不属实，存在虚假成分，不符合贷款条件。
甲	C公司为什么能获得贷款？	我提供了帮助，让信贷员作假通过审批。
甲	乙有无给你好处？	贷款期间给了我272万元好处费，后来为了表示感谢，乙又找我和丙商量，让我们入股D公司，乙赠送出资款。
甲	你和乙、丙是如何商议的？	（具体商议过程）
甲	具体出资款乙是如何提供的？	乙给我的三名亲属分别转款4999999元，而后三人分别实缴出资500万元，共占30%股份。
甲	D公司经营状况如何？有无分红？	经营了大概两年，分了一次红，后来因为放出去的贷款收不回来就停止运营了。
乙	C公司是否符合贷款条件？	不符合，有了甲的帮助才获得贷款。
乙	有无给甲好处？	贷款期间给了我272万元好处费，后来为了表示感谢，又赠送给甲D公司出资款。
乙	D公司经营状况如何？有无分红？	经营了大概两年，分了一次红，后来因为放出去的贷款收不回来就停止运营了。
乙	C公司贷款还上了没有？	有2.96亿元没有还上。

四、定案关键点

本案中，甲为乙谋取利益及收受乙给与的好处费272万元的事实并不难证明，重要的是甲以三名亲属的名义持有D公司30%股权的行为如何评价。

（一）乙提供的出资款 14999997 元系贿赂款项

1. 甲、乙、丙三人的供述及证言可以证明，乙与甲、丙共同商议成立 D 公司事宜，许诺由乙提供 1500 万元出资款，甲占该公司 30% 股权，同时考虑到甲为银行人员的身份，向甲的三名亲属分别汇款 4999999 元，而后由这三人实际缴纳出资款共计 1500 万元，代甲合计持有 D 公司股权 30%。也就是说，上述出资款实为给甲的感谢费。对此，甲、乙是明知的，形成了行受贿合意，丙能够作证。

2. D 公司日记账及账户流水，结合乙、丙的言词证据，可以证明 D 公司实际经营过近两年且有一次分红。也就是说，D 公司是甲、乙、丙为了赚取放贷利润而实际经营的公司主体，由于经营不善而无法收回贷款，是甲等人的经营风险，该风险得失本质上与其收受乙提供的 14999997 元出资款没有关系。应当正确理解的是，甲以三名亲属名义收受乙提供的出资款后，即完成"收受他人财物"的行为，公司倒闭导致股本金的损失以及分红较少，系"事后行为"，不影响受贿金额的认定。

（二）乙为甲输送利益的行为是个人行为

1. 甲、乙本人供述证实，其行贿是个人意志而非单位意志。C 公司是向 A 银行套钱的壳子，与 B 公司一样都属于乙个人管理，公司的钱和乙的银行卡直接对账；D 公司由乙出资设立，管理模式与 B、C 公司一样，都是乙一个人说了算，且行贿行为并未经公司集体讨论，并非代表单位意志。

2. 信贷员王某的证言证实，乙行贿谋取的利益归属于乙个人而非单位。王某作为 A 银行为 C 公司贷款的实际经办人，明确证实银行提供贷款后，C公司未提供相应的增值税发票或真实的经济合同，以证实贷款系用于公司经营，为公司谋取利益；相反，乙在贷款前后向银行提供了诸多虚假信息及证明，包括学历、合同、增值税发票等，使得贷款去向不明，贷款发放后即失去控制，客观上也造成了银行数亿元贷款未能归还，故能够认定利益归属于乙个人。

通过以上两个方面的分析不难看出，甲、乙对于30%股权对应的近1500万元出资款是乙为了谋取不正当利益给与甲的好处费的认知是一致的、清楚的，尽管后期经营不善导致自身实得利益受损，但也造成国有资金的巨额损失，产生了严重的社会危害性，应当受到刑罚处罚。

五、定性结论

甲身为国家工作人员，利用职务上的便利，非法收受他人财物，为他人谋取利益，其行为已构成受贿罪，且属数额特别巨大；乙为谋取不正当利益，给予国家工作人员财物，其行为已构成行贿罪，且属情节特别严重，给国家利益造成特别重大损失。

六、认识误区表

错误认识	正确理解
干股并非法律概念，干股受贿存在于行贿人向受贿人转让股份的情形中，即股份在转让之前已经存在，而不是行贿人与受贿人以成立新公司的方式得以产生原始股份。因此，请托人为受托人提供资金，而后成立公司使受托人获得相应股份的，不能评价为行贿、受贿行为。	请托人为受托人提供合作成立新公司的实际出资款，并使其占有一定股份，相当于赠送了公司股份对应的股本金。相关司法解释规定：国家工作人员利用职务上的便利为请托人谋取利益，由请托人出资，"合作"开办公司或者进行其他"合作"投资的，以受贿论处。受贿数额为请托人给国家工作人员的出资额。因此，应当重点审查请托人出资款是否为"权力对价"。

七、金融背景知识补充

信贷审批制度，指银行为控制信贷风险而设立的一系列审查、批准贷款申请的流程和规定。这包括评估借款人的信用状况、还款能力、贷款用途等，以确保贷款发放的安全性。

干股受贿，指国家工作人员利用职务上的便利为请托人谋取利益，由请托人出资，"合作"开办公司或者进行其他"合作"投资，国家工作人员不实际出资而占有股份。受贿数额为请托人给国家工作人员的出资额。

八、涉案主要法律依据

《中华人民共和国刑法》

第三百八十五条第一款 国家工作人员利用职务上的便利，索取他人财物的，或者非法收受他人财物，为他人谋取利益的，是受贿罪。

第三百八十九条 为谋取不正当利益，给予国家工作人员以财物的，是行贿罪。

在经济往来中，违反国家规定，给予国家工作人员以财物，数额较大的，或者违反国家规定，给予国家工作人员以各种名义的回扣、手续费的，以行贿论处。

因被勒索给予国家工作人员以财物，没有获得不正当利益的，不是行贿。

第十三例

行长假投索贿敛财
老板虚合高额付息

一、案情简介

2010年6月,甲任职中国农业发展银行J市分行(国有政策性金融机构,以下简称J银行)行长,负责贷款审批业务,系国家工作人员。乙系T小额贷款有限公司(以下简称T公司)董事长,T公司的业务为吸收存款及放贷,无矿石业务。乙于2014年11月因涉嫌非法吸收公众存款罪被刑事拘留。

2011年下半年,甲与乙相识,乙的丈夫开办了H投资公司,想租赁J银行办公楼,甲向J银行营业部经理打招呼,帮助乙丈夫成功租赁并快速办理完毕租赁手续。另外,乙的弟弟崔某开办的W公司想要在J银行贷款1000万元,乙找甲帮忙,成功办理该贷款。

2012年5月、6月,甲以合作投资为名,与乙签订合伙做矿石协议,协议约定双方各出资1000万元,期限6个月,按月分配收益。实际上,乙及其控制的T公司就是做吸收公众存款对外放贷的生意的,其收入来源就是放贷收息,T公司吸收存款时给集资人最高是每个月1分5厘的利息,甲对此非常清楚,不存在合伙投资矿石生意的情况。

乙为了感谢甲之前提供的帮助，更重要的是让甲帮助其承揽 J 银行家属楼、旧办公楼的开发工程以及让甲继续帮助其弟弟办理新的贷款，就答应了甲的要求，并且送给甲女装、化妆品、首饰等贵重物品。

甲安排某贷款企业法定代表人曹某、李某分别向乙转账 650 万元、345 万元，甲单独向乙支付 5 万元。在乙收到这 1000 万元以后，甲要求乙 6 个月内支付给其 600 万元收益。乙前三个月按时支付每月 100 万元。后来，乙发现甲允诺其承揽开发的 J 银行家属楼及旧办公楼的项目一直没有兑现，就延缓了对甲利息的支付。后在甲的一再催促和要求下，最后在 2013 年 8 月，乙又支付给甲 220 万元，并归还 1000 万元本金。据查询，2012 年 6 月 8 日中国人民银行实行同期贷款基准利率为年利率 6.31%。

2015 年 3 月，甲让家属将上述共计 520 万元收益分两次上交打击和处置非法集资领导小组，并将收受的女装、化妆品、首饰等贵重物品上缴纪检部门。

二、办案策略

（一）总体思路

查清钱款流转过程，发现资金性质异常，核实谋取利益事项，定准贿赂款项金额。

（二）具体措施

1. 调取甲本人银行流水，发现大额钱款进账的问题线索，掌握交易对手乙的银行账户。

2. 调取乙的银行流水，掌握其先后多次转账给甲共计 520 万元及收取曹某、李某、甲三人转账共计 1000 万元的证据。

3. 找曹某、李某谈话，了解掌握其按照甲的要求转账的情况。

4. 找乙谈话，了解掌握其向甲支付 520 万元钱款的真实目的，同时掌握二人签订虚假矿石合作协议及甲曾为乙租赁 J 银行办公楼和弟弟办理贷款提供帮助的情况。

5. 调取甲乙二人签订的矿石合作协议及 T 公司财务人员证言，掌握协议系虚假、T 公司根本不做矿石生意的证据。

6. 调取 J 银行办公楼租赁和乙的弟弟崔某贷款资料以及 J 银行营业部经理等相关人员证言，掌握甲为乙谋取利益的证据。

7. 根据上述证据材料，找甲谈话，问清其通过虚假矿石合作的形式向乙索要高额投资利息及为乙和乙弟弟提供帮助的全部事实。

三、心理攻防

【对阵表】

当事人	当事人主要心理状态		办案人员主要攻心策略
	案发前	案发后	
甲	与乙签有矿石合作协议，比较安全。	1. 坚称与乙之间的经济往来是正常的民间借贷，尽管利息较高，但不构成犯罪。2. 至多认定 520 万元为乙非法吸资投资退款，不应作为受贿数额认定。	1. 抓住其资金"收益"率非常高，纠问真实原因，攻击其心理防线。2. 揪住矿石合作协议系虚假的证据，纠问签订协议的真实目的，进一步攻击其心理防线。3. 抓住其为乙谋取利益的证据，打击其侥幸心理。4. 营造"铁证如山"的态势，纠问事实真相，迫使其认罪伏法。

续表

当事人	当事人主要心理状态		办案人员主要攻心策略
	案发前	案发后	
乙	1. 甲之前提供过帮助，以后还有求于甲，不得不给他高利息。 2. 签订有矿石合作协议，比较安全。	1. 甲不会说出真相。 2. 给甲的收益是民间借贷利息。 3. 是甲索贿，自己没有谋取不正当利益。	1. 抓住甲为其提供帮助，纠问给甲利益输送的情况，打击其心理防线。 2. 抓住其没有矿石生意，纠问签订矿石合作协议的真实目的，打击其抵赖心理。 3. 揪住利息款支付变化，纠问其未按月支付、按比例支付的原因，打击其侥幸心理。 4. 讲清法律规定，给其出路，做通思想工作，促使其配合调查。

【谈话思路演示表】

被谈话人	谈话要点	取证要点
甲	520万元是哪来的？	是乙以支付利息的形式给我的好处费。
	为什么要以支付利息的形式？	为掩人耳目，签订了虚假的矿石生意合作协议。
	以利息的形式是谁提出来的？	是我主动找的乙。
	乙为什么要给你好处费？	因为乙要请我提供帮助。
	乙要请你提供什么帮助？	乙想承揽J银行家属楼及旧办公楼的开发项目。
	乙有无承揽该项目？为什么？	没有，该项目没启动，因为有职工提出反对意见。
	520万元是按照多少利率支付的？为什么会有变化？	前三个月每月给我100万元，后来由于上述开发项目没启动，乙就停止支付利息，最后我反复催要，乙又一次性付我220万元利息和1000万元本金。

续表

被谈话人	谈话要点	取证要点
乙	你为什么支付给甲 520 万元？	是甲找我要的利息钱，实际上是给甲的好处费。
	你为什么要给甲好处费？	主要是想承揽 J 银行家属楼及旧办公楼的开发项目。
	有无承揽该项目？	没有。
	利息标准是谁定的？实际支付为什么会有变化？	是甲定的标准，前三个月每月给甲 100 万元，后来由于上述开发项目没启动，我就停止支付了，最后甲反复催要，我又一次性付了 220 万元利息和 1000 万元本金。
	甲还给你提供过什么帮助？	他为我承租 J 银行办公楼和我弟弟办贷款的事提供过帮助。

四、定案关键点

本案关键在于以下四个方面的准确认定。

1. 甲利用职权为乙谋取利益的认定。甲本人供述及乙、J 银行相关工作人员的证言证实，乙弟弟崔某的公司在 J 银行贷款的过程中，甲是同意的；关于 H 投资公司租赁 J 银行办公楼，甲给营业部经理打过招呼，租房手续办得都很快。

2. 合伙投资矿石生意为虚假的认定。T 公司财务人员的证言、合伙做矿石协议等资料证实没有做过矿石生意，且 T 公司往外面放贷最高是每个月 1 分 5 厘的利息。另外，经分析可知，由于投资有风险，投资收益具有不确定性，真实的合伙投资协议是不应该约定固定收益的，这也能证明甲与乙签订合伙做矿石协议是为了掩人耳目。

3. 乙支付的利息系贿赂金性质的认定。J 银行出具的情况说明证实关于家属楼商业性开发一事，2012年之前就有职工在私下议论，甲听说有个别职工不愿意进行开发后，就没有通过正式的会议研究此事或向职工征求意见，此事遂不了了之。乙本人陈述结合相关转账记录证实，正是基于甲承诺的帮助乙承揽的开发项目迟迟没有进展，乙在前三个月按期付息后就停止付息了，最后在甲的逼迫下一次性还本付息。结合上述两方面可以看出，乙之所以支付如此之高的利息，主要为的就是请甲帮忙承揽J银行家属楼及旧办公楼项目。

4. 贿赂款项数额的认定。对于此种"借款收息"型受贿的金额认定，因具体案情及证据标准不一，各地司法实践的标准也不尽相同。本案采取的是认定合理应得利息与实际收取利息之间的差额的办法，即按照中国人民银行实行同期贷款基准利率的4倍标准计算甲的应得利息（6.31% × 1000万元 = 631000元 ÷ 12个月 = 52583.33元 × 14个月 = 736166.62元 × 4 = 2944666.48元），甲实际收取利息款520万元，受贿金额为二者之间差额2255333.52元。

五、定性结论

甲身为国家工作人员，利用职务之便，为他人谋取利益，非法收受乙以利息形式送给甲的2255333.52元，数额巨大，其行为已构成受贿罪。

六、认识误区表

错误认识	正确理解
行为人身为国有银行工作人员，向请托人的公司投资后取得收益，属于民间借贷行为；投资收益是民间借贷获取的利息，且已经退款，不应认定为受贿款。	重点审查此收益款项是否与行为人利用职权为他人提供帮助有关，是否为职务行为的对价。 行为人明知他人请托事项，仍以合作投资等名义，实际出资并获取收益，

续表

错误认识	正确理解
	其获取的收益往往明显高于其出资应得收益，则请托人是要以此种方式向行为人输送利益，而非普通的民间借贷，因此应以受贿论处。事后其为逃避处罚而退款，不影响定罪。

七、金融背景知识补充

同期贷款基准利率是中国人民银行公布的商业银行向最优质客户提供的贷款利率，其他贷款利率可在此基础上进行加减点浮动。在计算受贿数额时，往往以同期贷款基准利率为基准，结合实际情况计算合理的应得收益。

八、涉案主要法律依据

《最高人民法院、最高人民检察院关于办理受贿刑事案件适用法律若干问题的意见》

四、关于以委托请托人投资证券、期货或者其他委托理财的名义收受贿赂问题

国家工作人员利用职务上的便利为请托人谋取利益，以委托请托人投资证券、期货或者其他委托理财的名义，未实际出资而获取"收益"，或者虽然实际出资，但获取"收益"明显高于出资应得收益的，以受贿论处。受贿数额，前一情形，以"收益"额计算；后一情形，以"收益"额与出资应得收益额的差额计算。

第十四例

私募高管弄权受贿
工程公司行贿中标

一、案情简介

甲系C（北京）投资管理有限公司（在基金业协会登记为私募股权、创业投资基金管理人，以下简称C公司）首席运营官，乙系C公司开发事业部成本总监、X中心项目招标采购部负责人，丙、丁分别系X中心项目总经理、副总经理。

2015年11月，C公司成立之后设立私募基金"上海S投资中心"（已在基金业协会备案，以下简称"S投资"），C公司以合伙人身份任"S投资"管理人，所募集资金用于收购X中心项目全部股权，投资建设大型地铁上盖配套综合体。X中心项目管理团队由C公司委派，甲作为C公司首席运营官对项目工程承揽有最终审批权，乙负责项目成本合约、结算办理等工作，丙全面负责项目的运营管理工作，丁负责项目开发、设计、成本、工程管理等工作。

2016年至2019年，甲、乙、丙、丁利用担任C公司及X中心项目管理人员的职务便利，为Z公司承揽X中心项目工程提供帮助，收受Z公司下属公司经理李某、韩某（二人另案处理）给予的现金贿赂。其中，甲收受人民币40万元、美元4万元；乙收受人民币80万元、欧元5万元；丙收受人民币350万元；丁收受人民币50万元。

甲同意X中心项目的二期、三期及玻璃幕墙建设由Z公司中标，并指示丙对Z公司投标事宜予以关照。乙、丙、丁均为评标小组成员，丙作为评标小组组长，在项目招投标前向李某等人透露了项目预算、成本以及参与询价的其他投标公司情况。乙、丁在评标过程中均对Z公司给予了支持。之后，Z公司顺利承揽上述项目。项目实施过程中，乙、丁分别在工程建设、工程款项支付结算方面对Z公司给予关照。

二、办案策略

（一）总体思路

查实现金交易，核准岗位职责，问清谋利事项，定性受贿犯罪。

（二）具体措施

1. 调取甲、乙、丙、丁等人银行流水，掌握大额现金存入或者大项支出的证据。

2. 调取李某、韩某提取现金的银行流水以及Z公司财务账簿，掌握大额提现的证据。

3. 调取"S投资"私募基金资料，掌握X中心项目是C公司投资项目的证据。

4. 调取C公司管理人员名单及任职文件等，掌握甲、乙、丙、丁四人在C公司及X中心项目上的任职情况。

5. 调取 X 中心项目招投标、施工、结算等全部资料，掌握 Z 公司中标、承建该项目的证据。

6. 找李某、韩某及 Z 公司相关工作人员谈话，掌握核实他们给甲、乙、丙、丁送钱及在中标、建设 X 中心项目以及支付结算中得到关照的真实情况。

7. 分别找甲、乙、丙、丁同时谈话，一次性突破，问清他们四人各自收受李某、韩某钱款，甲指示丙对 Z 公司中标 X 中心项目予以关照以及乙、丙、丁为 Z 公司在 X 中心项目中标、建设、结算上提供帮助的详情。

三、心理攻防

【对阵表】

当事人	当事人主要心理状态		办案人员主要攻心策略
	案发前	案发后	
甲	1. 收受的是现金，不会出事。 2. 丙是评标小组组长，我指示丙给 Z 公司投标给与关照很隐蔽，没问题。	1. 李某、韩某不会说出送钱的事，坚称自己未收钱。 2. 坚称自己只是公司高管，仅代表投资者管理投资项目，对于 Z 公司中标项目自己并未利用职权，也未指示乙、丙、丁提供帮助。	1. 抓住其账户存现或者大额开支及李某、韩某提现的证据，纠问收取现金的事实，攻击其心理防线。 2. 抓住其任 C 公司首席运营官，纠问其在 X 中心项目中的职权，打击其侥幸心理。 3. 利用李某、韩某、丙等人证言，营造"铁证如山"的态势，迫使其如实交代收钱办事的经过，打击其抵赖心理。 4. 讲清法律规定，阐释"利用职务便利"的内涵，迫使其认罪伏法。

【谈话思路演示表】

被谈话人	谈话要点	取证要点
甲	X中心项目由谁中标、承揽？	由Z公司中标、承揽。
	你有无为Z公司中标X中心项目提供帮助？	我给X中心项目评标小组组长丙打了招呼。
	为什么要为Z公司中标X中心项目提供帮助？	我收了李某、韩某送的现金。
	你在X中心项目中任何职务？	我是C公司首席运营官，对X中心项目工程承揽有最终审批权。
丙	X中心项目由谁中标、承揽？	由Z公司中标、承揽。
	你有无为Z公司中标X中心项目提供帮助？	我评标小组组长给小组成员乙、丁打了招呼，还在项目招投标前向李某等人透露了相关信息。
	为什么要为Z公司中标X中心项目提供帮助？	一是甲有交代，让我给与Z公司以关照；二是我收了李某、韩某送的现金。
	你在X中心项目中有何职权？	我全面负责项目的运营管理工作。

四、定案关键点

本案中，甲、乙、丙、丁四人收受他人钱款的行为能否认定为受贿犯罪，重点在于以下两个方面。

（一）有无利用职务便利

1."S投资"私募基金资料，说明X中心项目与C公司及"S投资"之间的关系，证实该项目是私募基金管理人C公司代表投资者投资的项目。

2. C公司管理人员名单及任职文件等，说明甲、乙、丙、丁四人在C公司及X中心项目中的任职情况，证实甲为C公司的高级管理人员，乙、丙、丁为C公司委派到投资项目上的工作人员。

综合上述两点可以得知，甲、乙、丙、丁四人具有对投资项目的决策权、管理权等职务便利。

（二）有无为他人谋取利益

1. X中心项目招投标文件及Z公司相关工作人员证言，证实在项目投标过程中，乙、丙、丁等人曾向Z公司透露项目预算、成本以及其他投标公司报价情况。

2. 乙、丙、丁等人供述，证实他们在Z公司投标及项目工程建设、工程款项支付结算方面提供了帮助。

3. 甲本人供述及李某等人证言，证实李某等人曾请托甲对Z公司中标X中心项目提供帮助，并向甲、乙、丙、丁四人行贿，甲答应并指示丙对Z公司投标事宜予以关照。

上述两个大方面结合起来可以得出结论，即甲、乙、丙、丁四人收受的钱款为其权力的对价，实为"权钱交易"。

五、定性结论

甲作为C公司首席运营官，以私募基金管理人的高级管理人员身份对X中心项目招投标具有决策权，乙、丙、丁作为受C公司委派执行X中心项目建设管理事务的工作人员，对工程招投标和建设有具体管理的职权；四人收受钱款，利用上述职务便利为Z公司项目投标和后续工程建设结算谋取利益，构成非国家工作人员受贿罪。

六、认识误区表

错误认识	正确理解
私募基金募集到的钱是投资者的钱，行为人并非私募基金管理人，仅是其高级管理人员，代表投资者管理投资项目，没有利用自己在投资管理公司（私募基金管理人）任职的职务便利，因此不属于具有职务便利的人，不构成职务犯罪。	私募基金管理人代表投资者对私募基金投资项目行使重要决策权和管理权，具有职务便利的人员范围包括私募基金管理人的工作人员和受私募基金管理人委派至投资项目开展工作的人员。上述人员利用对投资项目的决策权、管理权等职务便利，索取或者非法收受他人财物，为他人谋取利益，数额较大的，应以非国家工作人员受贿罪追究刑事责任。

七、金融背景知识补充

私募股权基金，是私募基金的一种形式，主要投资于非上市企业的股权，通过参与被投资企业的经营管理，提升企业价值，然后通过上市、并购或管理层回购等方式，出售持股获利。

项目招投标，是招标人发出招标公告或投标邀请书，说明招标的工程、货物、服务的范围、标段划分、数量、投标人的资格要求等，邀请特定或不特定的投标人在规定的时间、地点按照一定的程序进行投标的行为。

八、涉案主要法律依据

《中华人民共和国刑法》

第一百六十三条第一、二款　公司、企业或者其他单位的工作人员，利用职务上的便利，索取他人财物或者非法收受他人财物，为他人谋取利益，数额较大的，处三年以下有期徒刑或者拘役，并处罚金；数额巨大或者有其他严重情节的，处三年以上十年以下有期徒刑，并处罚金；数额特别巨大或者有其他特别严重情节的，处十年以上有期徒刑或者无期徒刑，并处罚金。

公司、企业或者其他单位的工作人员在经济往来中，利用职务上的便利，违反国家规定，收受各种名义的回扣、手续费，归个人所有的，依照前款的规定处罚。

第十五例

银行员工违规操作
信托经理行贿分赃

一、案情简介

甲在2011年3月至2012年7月担任浦发银行C市分行（以下简称C分行）公司银行业务管理部总经理兼机构及大客户部总经理，2012年7月至2013年10月担任公司银行业务管理部总经理。乙在2009年5月至2012年7月担任C分行机构及大客户部副总经理，2012年7月至2014年8月担任该部总经理。丙在2010年7月至2013年1月在A信托公司担任信托二部信托经理，承担项目开拓、尽职调查、风险管理、项目期间管理等事宜。

2012年5月，C市建筑工程集团总公司（以下简称C建工）拟融资5亿元，因在C分行当年授信额度已满无法再获取融资贷款，甲、乙受托帮助该企业寻找资金，乙找到曾与C分行有过业务合作的A信托公司经理丙，将此事告知了丙。后丙通过K投资管理有限公司（以下简称K公司）郑某某了解到能以浦发银行总行理财资金池，购买A信托以C建工应收账款为标的的信托计划方式，帮助C建工获取融资资金，但必须由C分行提出书面申请。丙将该情况告知乙，乙向甲汇报后按该方案执行，由乙负责具体方案制定、融资事项洽谈。其间丙与乙达成协议，在项目成功后丙支付好处费 600 万用于分配。

2012 年 6 月 C 分行经过内部审批，申请浦发银行总行理财资金投资 C 建工应收账款收益权信托计划，甲在分行立项申请表"分行公银部意见"处签字同意。

2012 年 7 月，丙向 A 信托发起 C 建工项目签报，在签报过程中隐瞒其系 J 投资咨询服务中心（以其母亲名义开设，以下简称 J 中心）实际控制人的事实，以 J 中心介绍项目并为此次信托提供咨询服务，申请项目标的额 3% 的咨询服务费，获得 A 信托层层审批同意。

2012 年 7 月 27 日 A 信托分别与 C 建工、C 分行签订《A 信托·C 建工应收账款收益权财产权信托合同》《收益权信托投资协议》及其他信托文件，约定 C 建工将 6.25 亿元应收账款收益权作为信托财产设立信托，C 分行将理财资金 5 亿元投资前述信托收益权，期限两年；A 信托按照信托成立时资金规模 3% 收取信托报酬 1500 万元，J 中心为 A 信托提供咨询服务，收取服务费 1500 万元。

合同签订后，2012 年 7 月 30 日浦发银行支付 5 亿元投资资金至信托专用账户，当日该款转入 C 建工信托资金使用账户。2012 年 7 月 31 日，C 建工通过其信托资金使用账户向信托专用账户支付 3150 万元信托收入，2012 年 8 月 3 日 A 信托从信托专用账户向 J 中心账户支付咨询服务费 1500 万元。J 中心收款后，于同月 6 日向 K 公司支付服务费 400 万元，余款由丙陆续转至其控制并使用的其母亲银行账户，其中 500 万元由丙自行耗用。丙告知乙已获得资金，2012 年 8 月 8 日，乙携其好友李某与丙见面，为掩人耳目，丙按乙要求将好处费 600 万元转账至李某开设的农业银行账户。

乙收到 600 万元转款后，安排李某分别于 2012 年 8 月 10 日、2012 年 8 月 15 日取现 150 万元，并在李某的陪同下两次前往甲家中交付现金共计 220 万元，剩余 80 万元现金由乙自行耗用；后乙安排李某分别于 2012 年 9 月 10 日、2012 年 9 月 17 日转款 100 万元、80 万元至甲工商银行账户，剩余 120 万元账户资金由乙自行耗用。

二、办案策略

（一）总体思路

围绕钱款流向追查，问清资金进出原由，细查咨询服务虚实，掌握实际谋利情况，定准各自行为性质。

（二）具体措施

1. 调取甲、乙个人银行流水，发现大额资金进出的问题线索，同时掌握交易对手李某的情况。

2. 调取李某农业银行流水，找李某谈话，了解掌握其按照乙的要求取现前往甲家送钱 220 万元及先后转账 180 万元的情况，同时掌握 J 中心账户转入 600 万元的证据。

3. 调取 J 中心工商资料、银行流水、账务账簿等，掌握该中心收取 A 信托 1500 万元转账后支付给 K 公司 400 万元、李某账户 600 万元的证据，同时发现该中心由丙实控且并无实际业务的问题线索。

4. 找 A 信托相关人员谈话，了解掌握丙作为 C 建工项目经理，向公司汇报项目情况，指定 J 中心收取 1500 万元咨询服务费的证据。

5. 找 K 公司郑某某谈话，了解掌握 K 公司向 J 中心提供咨询服务收取 400 万元的证据。

6. 找丙谈话，问清其虚设 J 中心收取 1500 万元咨询服务费的真实目的，同时掌握给甲、乙好处费 600 万元的证据。

7. 找乙谈话，问清其参与 C 建工项目，负责方案制定、融资事项洽谈等具体工作，与丙商议由丙支付好处费 600 万元用于分配以及安排李某给甲现金、转账共计 400 万元的情况。

8. 找甲谈话，问清 C 建工找其帮忙融资，与乙商量并同意由 A 信托参与 C 建工项目以及收受 400 万元好处费的情况。

三、心理攻防

【对阵表】

当事人	当事人主要心理状态		办案人员主要攻心策略
	案发前	案发后	
甲	介绍 A 信托公司通过信托计划解决 C 建工融资需求，收取些中介费，合情合理。	1. 坚称只是为了帮企业渡过难关，仅负责介绍，业务审批流程合规合法，没有不当利益输送，其没有影响审批的权力。 2. 坚称只收取 180 万元转账，没收取现金。	1. 抓住其甲在分行立项申请表"分行公银部意见"处签字同意，打击其逃避责任的心理。 2. 揪住乙带李某到其家中送现金及转账的事实，纠问收钱的真实想法，打击其侥幸心理。 3. 揪住 A 信托公司赚取到商业利益，纠问 A 信托公司能参与 C 建工项目的真实原因，打击其抵赖心理。

续表

当事人	当事人主要心理状态		办案人员主要攻心策略
	案发前	案发后	
乙	找丙的A信托公司能解决C建工融资需求，收取丙给的好处，一举多得。	坚称收取的是中介费、佣金，并非利用职务便利为丙提供帮助。	1. 抓住乙实际参与C建工项目的洽谈、办理及项目沟通，打击其逃避责任的心理。 2. 揪住其安排李某接收丙的转账，纠问真实想法，打击其侥幸心理。 3. 纠问其安排李某取现、转账给甲，揭示其掩人耳目，纠问钱款性质，打击其侥幸心理。
丙	通过自己实控的J中心收取咨询服务费，非常隐蔽。	1. 坚称支付给甲、乙的费用是佣金，感谢其介绍项目，并不是请他们利用职权提供帮助。 2. 坚称没有欺骗行为，J中心提供信息咨询获取咨询服务费，A信托是知晓的。	1. 纠问其与乙共谋赠送600万元好处费的具体情况，攻击其心理防线。 2. 纠问其按照乙的要求转账给李某的真实想法，揭露其掩人耳目的心理。 3. 抓住J中心由其实控且并无实际业务，打击其侥幸心理。 4. 揪住其找K公司咨询及支付咨询费用，进一步攻击其心理防线。 5. 利用信息不对称优势，营造"铁证如山"态势，阐释法律规定，迫使其认罪伏法。

【谈话思路演示表】

被谈话人	谈话要点	取证要点
甲	180万元转账来源是？	是乙分给我的A信托公司信贷员丙给的C建工项目费用。
	丙为什么要给这部分费用？	为了感谢我和乙帮助A信托公司参与C建工项目。
	丙一共给了你们多少钱？	一共给了600万元，乙分给我400万元，其中有220万元现金。
	讲一下现金给付的过程？	乙带着李某到我家给的我（具体时间、包装、币种等）。
	你为A信托公司参与C建工项目提供了什么帮助？	在分行立项申请表"分行公银部意见"处签字同意。
乙	丙为什么给李某转账600万元？	为了感谢我和甲帮助A信托公司参与C建工项目。
	为什么要通过李某账户转账？	为了掩人耳目。
	这600万元是如何分配的？	分给甲400万元，自己留下200万元。
	分给甲400万元的具体过程是？	我让李某先后取现共计300万元，将其中220万元送到甲家中，而后又转账给甲180万元。
	你给甲提供了什么帮助？	从起初我对C建工有融资需求，到后来信托计划的洽谈、办理及项目沟通都是我直接参与的。
丙	J中心进账1500万元是什么钱？	是A信托公司给的C建工项目的咨询服务费。
	这1500万元是如何分配的？	给K公司400万元，给甲和乙600万元，自己留下500万元。

续表

被谈话人	谈话要点	取证要点
	为什么要给 K 公司 400 万元？	因为 K 公司向 J 中心提供咨询服务，我经常咨询问题。
	为什么要给甲和乙 600 万元？	为了感谢甲、乙二人为 A 信托公司参与 C 建工项目提供帮助。
	J 中心由谁实控？有无实际业务？	由我本人实控，并无实际业务。
	J 中心由你实控的情况有无告知 A 信托公司？为什么？	没有告知。如果公司知道 J 中心由我实控，肯定不会向 J 中心支付费用，因为这不是项目推荐方指定的收款方，不属于外部推荐，这样操作严重侵害公司利益。
	那你为什么还要这样做？	就是为了将部分 A 信托支付的费用占为己有。

四、定案关键点

1. 甲、乙利用职权的对价是丙支付好处费。甲、乙、丙三人的供述，相互印证，能够证实信托 C 建工项目发起的过程，甲、乙在项目中实际参与该业务的洽谈、办理及项目沟通和立项审签，丙为争取 A 信托公司参与该业务，答应给甲、乙好处费 600 万元的具体情况。

2. 好处费以现金、转账形式交付给甲、乙。证人李某的证言证实乙借用其银行卡过账 600 万元，是 A 信托给乙和甲的手续费，听乙说 400 万元要给甲。其曾先后两次取现 150 万元，陪同乙前往甲家里送钱（乙留下 80 万元），两次转账共计 180 万元给甲。

3. 丙隐瞒实控 J 中心骗取咨询服务费用。A 信托主管 C 建工项目人员证言，证实2012年7月丙汇报C分行的人介绍了C建工融资5亿元的项目，需要A信托与C建工设立财产权信托计划，设立后将信托计划收益权转让C分行，C分行指定由J中心向A信托收取信托资金规模3%为信托报酬，并未说明J中心为丙实控。

4. J中心为由丙实控的收取费用的工具。J中心工商资料、财务账簿、银行流水及相关工作人员证言证实，J中心于2012年5月4日由丙设立，法定代表人系丙母亲。J中心于2013年3月18日注销，存续期间公司账户除涉案1600万元资金入账外无其他营业收入。

5. 实际上由K公司向J中心提供咨询服务。K公司郑某某的证言证实K公司向J中心提供咨询服务，丙经常咨询信托交易架构设计、交易系统选择、一些市场定价来源和信托战略，400万元是咨询服务费，但没有具体到哪一次业务。丙告知其400万元与经手C建工项目收的1500万元有关，曾请其帮忙从浦发总行打听用总行理财资金池购买信托财产，但其没能力做也没实际去做。

6. 丙另外领取了C建工项目个人奖励。A信托出具的业务部门绩效激励制度的说明证实，A信托采取部门包干制，以净收入30%划归部门作为绩效奖励额度，项目推介费、咨询费（中介服务费用）等由部门负担。2012年10月24日，A信托以财务咨询服务费名义向J中心支付100万元，作为丙在C建工项目上的个人奖励。

上述六个方面结合其他证据，可以说明甲、乙明知600万元是丙为了感谢他们让A信托参与C建工项目而支付的好处费，二人在项目中实际提供了帮助，且钱款已分别收取；丙虚增J中心提供咨询服务，骗取A信托500万元。

五、定性结论

甲、乙作为银行工作人员，利用职务上的便利，共同非法收受600万元，为他人谋取利益，二人行为已构成非国家工作人员受贿罪。丙为谋取不正当利益，给予金融机构工作人员甲、乙600万元，其行为构成对非国家工作人员行贿罪。丙利用职务便利，将本单位财物500万元非法占为己有，其行为构成职务侵占罪。丙一人犯数罪，应依法数罪并罚。

六、认识误区表

错误认识	正确理解
行为人作为银行工作人员，利用其私人交往获取企业需要通过信托融资的信息后推介给信托公司，不属于该金融业务活动主体，实质交易双方是银行与企业。行为人参与申请只是流程需要，而非利用其职务便利为信托公司谋取非法利益，获取信息及推介行为不具有职务性。行为人收受的资金具有佣金性质，在融资领域中介费、咨询费广泛存在且得到参与方认可，有一定合理性，性质不应认定为受贿。	理财资金投资信托计划的融资方案需要银行发起立项，行为人作为银行工作人员，实际参与该业务的洽谈、办理及项目沟通和立项审签，实质上也是为信托公司谋取不确定的交易机会，确保信托公司能参与业务合作。行为人于信托成立后收受信托经理给付的财物，该金融业务行为与收受财物之间具有因果和对价关系。
行为人通过本人实控的咨询服务公司收取信托经理给付的咨询服务费用是基于行为人介绍项目、参与项目谈判而支付的中介报酬费、信息费，符合商业惯例，该费用的支付与信托融资项目不具有刑法上的因果关系。	应当实质审查行为人有无利用其作为项目经理发起项目签报的职务便利，在申报信托成本过程中，隐瞒自己为咨询服务机构实际控制人的事实，违反公司规定，以咨询服务机构名义按投资资金规模一定比例虚报咨询服务费，骗取信托公司管理的信托财产的情况。若存在，则行为人主观上就具有刻意规避信托审查牟取差价的非法目的，客观实施了采取欺骗手段申报领取费用的行为，其行为符合职务侵占罪的构成要件，已构成职务侵占罪。

七、金融背景知识补充

理财资金池是指银行将不同来源、不同期限、不同性质的理财资金汇集起来，形成一个资金池，然后根据市场情况和客户需求，将资金投资于不同的资产组合中。这种方式有助于银行提高资金运作效率，但也需要严格的风险管理。

应收账款收益权信托是一种资产证券化的方式。通过将应收账款转化为信托财产，企业可以提前获得现金流，同时信托公司负责管理和处置这些应收账款，以实现信托计划的收益。

八、涉案主要法律依据

《中华人民共和国刑法》

第一百六十三条第一、二款 公司、企业或者其他单位的工作人员，利用职务上的便利，索取他人财物或者非法收受他人财物，为他人谋取利益，数额较大的，处三年以下有期徒刑或者拘役，并处罚金；数额巨大或者有其他严重情节的，处三年以上十年以下有期徒刑，并处罚金；数额特别巨大或者有其他特别严重情节的，处十年以上有期徒刑或者无期徒刑，并处罚金。

公司、企业或者其他单位的工作人员在经济往来中，利用职务上的便利，违反国家规定，收受各种名义的回扣、手续费，归个人所有的，依照前款的规定处罚。

第一百六十四条第一款 为谋取不正当利益，给予公司、企业或者其他单位的工作人员以财物，数额较大的，处三年以下有期徒刑或者拘役，并处罚金；数额巨大的，处三年以上十年以下有期徒刑，并处罚金。

第二百七十一条第一款 公司、企业或者其他单位的工作人员，利用职务上的便利，将本单位财物非法占为己有，数额较大的，处三年以下有期徒刑或者拘役，并处罚金；数额巨大的，处三年以上十年以下有期徒刑，并处罚金；数额特别巨大的，处十年以上有期徒刑或者无期徒刑，并处罚金。

第十六例

高管谋私虚构中介
职务侵占巧取豪夺

一、案情简介

丁系A网络科技有限公司（主要做非金融机构第三方支付平台的业务，以下简称A公司）的董事长、法定代表人，2015年至2016年，丁聘请甲、乙分别任A公司副总经理、总经理，由二人全权负责A公司各项事宜。

鉴于央行已停止申请支付牌照，故A公司董事长丁想购买已经申请支付牌照的公司，这样就有机会获得支付牌照。甲通过关系找到了有牌照的B公司的负责人丙，跟丙商谈收购B公司过程中，其和乙（另案处理）商量后向丙提出，为了促成收购需要收取1000万元中介费，丙同意。随后，丙通过银行转账，给了甲400万元，给了乙600万元。

在拿到丙给的中介费后，甲、乙开始对接丙与丁进行谈判，最后达成1亿元购买价，丁先支付7000万元，等牌照下来再支付3000万元。随后，甲与乙商量决定，以若不支付中介费则无法完成收购交易为由，向丁提出要给戊（甲的好友）2000万元中介费，但没有告诉丁是自己和乙平分该款。

丁同意后，甲、乙亦因为知晓不能从自己的职务行为中获利，故假借戊的名义与丁签了中介服务协议，随后丁给戊的账户先后打了1400万元、600万元。戊的银行卡由甲支配，甲在收到2000万元中介费后，给乙提供的实控账户先后打了2笔共计1000万元，给戊留了10万元，其余的钱转到自己的账户上。

二、办案策略

（一）总体思路

根据经济往来问缘由，抓住中介服务问细节，剖析行为内容看本质，问清共谋情况揭真相。

（二）具体措施

1. 调取甲、乙银行流水，发现大额钱款入账，掌握交易对手信息。

2. 找丙谈话，问清转账事由，掌握甲、乙索要"中介费"的证据，同时问清甲、乙联系对接公司收购事宜的具体过程。

3. 找戊谈话，问清大额钱款进出情况，发现虚假中介服务协议的问题线索。

4. 找丁谈话，问清转账事由，掌握甲、乙以若不支付中介费则无法完成收购交易为由收取钱款的证据及与戊签订中介服务协议的情况。

5. 调取A公司收购B公司的相关资料，弄清公司收购的具体过程，掌握甲、乙在公司收购中的具体行为。

6. 找乙谈话，掌握与甲共谋假借中介服务收取丙、丁钱款的证据以及甲利用副总经理身份对接洽谈公司收购业务的具体情况。

7. 根据上述证据，找甲谈话，问清甲乙共谋并收取"中介费"的实情以及在公司收购中开展具体履职行为的情况。

三、心理攻防

【对阵表】

当事人	当事人主要心理状态		办案人员 主要攻心策略
	案发前	案发后	
甲	1. 丙想要完成公司收购，我给丙提供了商业机会，找丙要中介费，也是没问题的。 2. 对接联系B公司是我通过关系完成的，向丁要点费用很正常，不能白忙活。 3. 通过与戊签订中介服务协议的方式，并通过戊的账户收款，非常隐蔽。	1. 坚称自己是中介服务行为，并没有利用职务便利。 2. 乙不会说出共谋真相，丙、丁不会意识到有问题。	1. 纠问大额钱款来源及收款原因，打击其心理防线。 2. 利用信息不对称优势，加大谈话力度，迫使其交代与乙共谋收取"中介费"实情。 3. 纠问其提供了哪些中介服务，有无利用工作职权，进一步打击其心理防线。 4. 根据戊的证言，纠问以戊名义签订中介服务协议的真实目的，打击其抵赖心理。 5. 揪住其自身职权，纠问公司收购具体过程，揭露其假借中介服务索要好处费、侵占公司利益的行为本质，彻底击垮其心理防线。

【谈话思路演示表】

被谈话人	谈话要点	取证要点
甲	哪来的大额进账？	丙给了我400万元，戊的账户给我转了近1000万元。
	丙为什么给你转钱？	因公司收购事宜，我找丙要的中介费。

续表

被谈话人	谈话要点	取证要点
	提供了什么中介服务？	就是正常的对接、联系、洽谈等工作，其实也是我的本职工作。
	戊的账户转给你的钱是从哪来的？	是丁给的，其中一半分给了乙。
	丁给的什么钱？为什么给？	也是中介费，是我以促成公司收购为由找丁要的。
	为什么要给乙分一半钱款？	因为我和乙共谋，以中介费名义向丙、丁要钱，具体收购业务也是我俩牵头完成的。
	你在公司收购中具体完成了什么工作？	与丙进行商谈、尽职调查及向丁汇报收购进展等，我都是直接参与。

四、定案关键点

（一）甲是否利用了职务便利，其行为是职务行为还是中介行为

1. A 公司董事长、法定代表人丁的证言，证实甲、乙二人主要工作职责是为公司获取非金融机构第三方支付牌照，包括先期自行研发并申请牌照以及后来负责收购已经公示支付牌照的公司。

2. B 公司负责人丙的证言，证实甲、乙通过中间人联系上了 B 公司，始终是以 A 公司经营管理人员的身份，根据公司指派谈收购的。

3. 乙的本人供述，证实甲在代表 A 公司收购 B 公司过程中，对于与丙的商谈、尽职调查及向丁汇报等主要工作均直接参与，二人还共谋、商量分成比例，由甲出面分别向丙、丁等人索要所谓中

介费。

（二）收购主体是丁个人还是 A 公司，A 公司是否有财产损失

1. 丁的证言，证实其决意收购 B 公司的目的是让 A 公司获取第三方支付牌照，以解决 A 公司本身已经无法申请支付牌照的问题，进而扩大业务范围及规模。

2. 公司收购相关资料及相关工作人员证言，证实 A 公司持有目标公司股份，而 B 公司与 A 公司的实际负责人员、运维团队系同一套人马，支付牌照的后续申请、接受检测等相关工作亦由 A 公司完成。

3. 虽收购款、交易"中介费"的给付出自丁个人账户，但所有款项均溯源于丁以公司为依托的非法集资所得，结合 A 公司的日常运行，该公司运维费用、工资等支出均由丁及其掌控的公司支付，故以丁个人名义付款并不影响 A 公司作为收购主体和交易"中介费"支付主体的认定。

五、定性结论

甲身为公司工作人员，在负责收购 B 公司一事中，利用职务上的便利，虚构中介费支出并非法占为己有，数额巨大，构成职务侵占罪；另在收购过程中向目标公司相关人员以"中介费"的名义索取好处，数额巨大，构成非国家工作人员受贿罪。

六、认识误区表

错误认识	正确理解
公司高管以他人名义与公司法定代表人签订服务协议，收取中介费用，为公司寻找收购对象、提供收购信息、洽谈收购条件等系中介行为，而非职务行为，不构成职务侵占罪。	一要看公司收购业务是否属于行为人的工作职责；二要看该行为实质是否为履职行为，有无受到公司指派；三要看签订的中介服务协议是否真实，有无开展居间介绍服务。中介服务与职务行为的区别在于有无利用自身职权完成工作任务，服务协议只是形式，应当透过现象看本质。法律规定公司高管应当对公司尽到忠实、勤勉义务，严格禁止利用职权谋取私利，真正的中介行为必然与职位职责无关，即便在履行自身职责处理公司收购业务中确有与寻找收购对象、提供收购信息等工作相关联的居间介绍行为，也应当认定为职务行为。

七、金融背景知识补充

在中国，非金融机构想要从事第三方支付业务，必须获得中国人民银行颁发的支付业务许可证，即第三方支付牌照。这一牌照是从事网络支付、银行卡收单、预付卡发行与受理等支付服务业务的法定资质。这一牌照的稀缺性和监管的严格性使已经获得牌照的第三方支付公司具有很高的市场价值和竞争力。

八、涉案主要法律依据

《中华人民共和国刑法》

第一百六十三条　公司、企业或者其他单位的工作人员，利用职务上的便利，索取他人财物或者非法收受他人财物，为他人谋取利益，数额较大的，处三年以下有期徒刑或者拘役，并处罚金；数额巨大或者有其他严重情节的，处三年以上十年以下有期徒刑，并处罚金；数额特别巨大或者有其他特别严重情节的，处十年以上有期徒刑或者无期徒刑，并处罚金。

公司、企业或者其他单位的工作人员在经济往来中，利用职务上的便利，违反国家规定，收受各种名义的回扣、手续费，归个人所有的，依照前款的规定处罚。

国有公司、企业或者其他国有单位中从事公务的人员和国有公司、企业或者其他国有单位委派到非国有公司、企业以及其他单位从事公务的人员有前两款行为的，依照本法第三百八十五条、第三百八十六条的规定定罪处罚。

第二百七十一条第一、二款 公司、企业或者其他单位的工作人员，利用职务上的便利，将本单位财物非法占为己有，数额较大的，处三年以下有期徒刑或者拘役，并处罚金；数额巨大的，处三年以上十年以下有期徒刑，并处罚金；数额特别巨大的，处十年以上有期徒刑或者无期徒刑，并处罚金。

国有公司、企业或者其他国有单位中从事公务的人员和国有公司、企业或者其他国有单位委派到非国有公司、企业以及其他单位从事公务的人员有前款行为的，依照本法第三百八十二条、第三百八十三条的规定定罪处罚。

第十七例

资管高管瞒天过海
信托收益中饱私囊

一、案情简介

P 资产管理有限责任公司（以下简称 P 资管）是 P 保险（集团）股份有限公司投资控股的子公司，经营范围包括"与资金管理业务相关的咨询业务"。2007 年 9 月，甲入职 P 公司，2008 年 2 月调至 P 资管直接投资部工作，至 2014 年 8 月辞职期间一直与 P 资管签署劳动合同，其所在团队在 2008 年至 2012 年实际经营管理条线归属于 P 信托公司，P 资管作为名义法人对外开展业务、审批签署相关合同。2013 年 1 月 1 日起，甲所属直接投资部团队实际经营管理条线从 P 信托转移至 P 资管。

2012 年 9 月至 2015 年 8 月，甲担任 P 资管直投部总经理期间，代表公司负责实施"J 信托计划"业务帮助某公司进行融资，甲确定了"J 信托计划"参与各方信托利益的分配比例，并由 L 信托公司与参与各方签订合同，从信托财产中支付相关费用。甲的工作包括接洽借款人、考察项目、向外部主体推介项目、协助融资人和资金方相互对接、为公司确定收益比例、取得咨询费用等。

甲为谋取私利，在上述项目的其他参与方已经明确各自收益比例的情况下，即融资方按照每年11%支付贷款利息，出资方按照每年8%收取资金使用费，上下家之间由此产生每年3%的利息差额，分别由L信托收取每年0.8%的通道费、光大银行某分行收取每年0.1%的过桥费、平安银行某分行收取每年0.1%的贷款管理费的情况下，向公司隐瞒P资管应得财务顾问费收益比例为2%的事实，谎称为1%。

甲为了获取上述项目中剩余的每年1%收益，在2012年10月以其丈夫的名义注册成立了由其实际控制的H投资管理有限公司（以下简称H公司）。因H公司无资质参与"J信托计划"，甲又联系了X证券有限责任公司（以下简称X公司）、C证券有限责任公司（以下简称C公司）作为"J信托计划"的财务顾问方参与该信托计划，从L信托公司收取每年1%的信托利益。

X公司、C公司与H公司签订了《咨询服务协议》，而后将其从L信托公司收到的1%的信托利益以咨询服务费的形式支付给H公司，进而实现甲对该共计1.2亿余元款项的占有实控，上述钱款全部用于甲个人购置房产、购买消费卡、生活开销等。

经查，X公司、C公司、H公司均未提供实际财务顾问或者咨询服务；P资管与L信托签订了财务顾问合同，约定的财务顾问费收益比例为1%。P资管认为，已全部收取应得财务顾问费，另外1%的财务顾问费收益不属于其公司财产，该信托计划业务开展属甲的个人行为。

二、办案策略

（一）总体思路

调查大额资金来源，发现经手项目问题，掌握各方收益比例，揭露隐瞒钱款行为。

(二) 具体措施

1. 调取甲个人及家庭成员银行流水，查清其收入、支出情况，掌握大额资金进账的证据。

2. 调取甲在P资管工作期间经手的项目资料，发现掌握"J信托计划"业务财务顾问费问题线索。

3. 仔细审查"J信托计划"业务资料，围绕财务顾问费支付，掌握X公司、C公司以财务顾问方式获取1%信托利益的情况。

4. 找L信托公司、X公司、C公司负责人及相关人员谈话，调查掌握核实X公司、C公司并未实际提供财务顾问服务的证据，同时掌握L信托公司按照与各方签订合同，从信托财产中支付相关费用的情况。

5. 找融资方、出资方等各方负责人谈话，调查掌握贷款利息、资金使用费、通道费、过桥费、贷款管理费计算比例标准，调取合作协议等相关书证，核算各项费用的总计比例。

6. 找P资管负责人谈话，调查掌握甲上报的财务顾问费收益比例为1%的事实。

7. 调取融资方、出资方、L信托公司等相关各方银行交易明细及财务账簿，核实资金实际支出、收入的情况。

8. 综合上述证据，找甲谈话，一次性突破，问清其向公司隐瞒P资管应得财务顾问费收益比例为2%的事实及所侵吞钱款的去向。

三、心理攻防

【对阵表】

当事人	当事人主要心理状态		办案人员 主要攻心策略
	案发前	案发后	
甲	1. P资管只知道1%的财务顾问费，对此也不会有意见。 2. 两家证券公司为该信托计划的财务顾问，另与H公司签订有《咨询服务协议》，不会被发现问题。	1. 坚称"J信托计划"业务的开展系其个人行为，因2013年1月带领的团队要转入P资管，故将其中财务顾问费收益比例的1%送给P资管。 2. 坚称1%的财务顾问费收益已给到P资管，另外1%并非P资管财产，P资管也认为没有财产损失，故不应追究自己的责任。	1. 纠问其自身岗位职责，揭示其具有为公司确定收益比例、取得咨询费用等职权，攻击其心理防线。 2. 根据融资方、出资方等相关各方证言、书证，揭示公司应得财务顾问费收益比例与实际得到的存在差额，进一步攻击其心理防线。 3. 揪住X公司、C公司并未提供实际财务顾问服务以及他们与H公司签订的虚假《咨询服务协议》，揭示其作假行为，打击其抵赖心理。 4. 结合P资管负责人证言，纠问其上报财务顾问费收益比例情况，打击其侥幸心理。 5. 阐释法律规定，讲清在履职过程中其人格被单位吸收，只能代表单位，打击其抵赖心理。 6. 释明法学原理，澄清错误认识，讲清"被害人事后承诺"不影响定罪，促使其认罪伏法。

【谈话思路演示表】

被谈话人	谈话要点	取证要点
甲	"J信托计划"业务各方的实际收益比例分别为多少？	（具体情况略，详见案情简介）
	P资管实际收到多少财务顾问费？收益比例是多少？	P资管实际收到的财务顾问费收益比例为1%。
	为什么P资管实际收到财务顾问费的比例是1%？	我向公司隐瞒了P资管应得财务顾问费收益比例为2%。
	为什么要隐瞒P资管应得财务顾问费收益比例？	因为我想将其中一个点的钱据为己有。
	具体是如何将上述1%的财务顾问费据为己有的？	虚设两家证券公司为财务顾问，从L信托公司获得1%信托收益，而后通过签订虚假《咨询服务协议》的方式，转给H公司。
	上述侵吞钱款的去向是？	用于个人买房及生活开销等。
	你在公司任职都包含哪些职责？	代表公司负责实施"J信托计划"业务，其中包括为公司确定收益比例、取得咨询费用。

四、定案关键点

本案中，甲在履职过程中以单位名义私自收取费用能否被认定为犯罪，重点在于以下三个方面。

（一）甲的行为具有法益侵害性

员工以本单位名义对外从事业务活动，属于职务行为。员工在履职过程中的人格整体上已被单位所吸收，其只能代表单位。其以单位的名义收取的相关费用，即属于本单位的财物。其私自截取其中的费用，将单位的财产占为己有，侵犯了职务侵占罪中单位财产这一成文的构成要件要素。

另外，本案中行为人甲系 P 资管直接投资部总经理，属于《公司法》中规定的高级管理人员，对公司具有忠诚勤勉义务。其在履职过程中违反规定将单位财产占为己有，侵犯了职务侵占罪中忠诚勤勉不成文的构成要件要素。

（二）甲具有非法占有目的

从交易方式看，甲虚增交易对象参与项目收取利益。本案中甲为了获取 1% 的收益，先后通过自己设立 H 公司、虚设 X 公司、C 公司参与项目，收取 1% 信托利益，属于典型的私增交易对象型职务侵占。

从结果归属看，甲占有该笔款项。根据查明结果可知，转至 X 公司、C 公司的"财务顾问费"后以支付"咨询服务费"的方式转入甲实际控制的 H 公司，最后也由甲用于个人购房和消费等。

（三）甲系利用职务之便

一方面，甲与 P 资管签订的劳动合同载明，甲的职责包括协助融资人和资金方相互对接，为公司取得劳务费、咨询费等中间业务收入等。因此，甲对外开展的涉案业务，属于其职责范围。

另一方面，根据 P 资管经营范围，P 资管作为 P 保险（集团）股份有限公司控股子公司、独立法人，经营范围包括"与资金管理业务相关的咨询业务"。故甲的职务行为未超越公司经营范围，属于在公司授权范围内行使职权。

五、定性结论

甲在代表单位促进融资过程中隐瞒2%顾问费比例的事实，虚设其他证券公司为信托计划另一参与方，侵犯了P资管确定的收益，构成职务侵占罪。

六、认识误区表

错误认识	正确理解
行为人在代表单位促进融资过程中隐瞒投融资项目顾问费真实比例，占有融资方承诺的利润率及投资方索要的回报率的差额，鉴于这部分钱款并非本单位的财物，因此行为人不构成职务侵占罪。	职务侵占罪的对象是本单位的财物。本单位的财物不仅包括单位现存的财物，也包括单位确定的预期收益。在促成投融资过程中，行为人所在单位属于中间方，投融资项目顾问费为其收入主要来源，尽管不同的投融资项目顾问费的计算方式确有不同，但属于本单位确定的预期收益。行为人在代表单位促进融资过程中隐瞒顾问费比例的行为，属于非法侵占本单位财物，构成职务侵占罪。
被害人（单位）事后承诺并不存在损失，因此应当认定行为人并未侵占本单位财物，即未侵犯职务侵占罪所保护的法益。	法益的评价是客观而非主观的，它不以当事人的意志为转移。不能因被害单位否认损失，就不将行为人利用职务便利非法占有本单位财物的事实评价为犯罪。"被害人事后承诺"并不能否认行为人犯罪的成立。
职务侵占罪的构成要件之一明确规定为侵犯本单位财产，即保护的法益仅限于单位财物，并不包括职务行为廉洁性。	《刑法》在罪名的设置上确实遵循相同或相近法益分属一章的原则，但并非所有的罪名所保护的法益只有一种。当某一罪名保护两种或两种以上客体时，其分属的原则以其主要法益，即该罪名首先或主要保护的法益为准，但并不否认职务廉洁性的法益。

七、金融背景知识补充

财务顾问费是指企业或机构在进行融资、投资、并购等重大财务活动时,聘请专业机构或个人提供咨询服务所需支付的费用。这些服务通常包括方案设计、风险评估、交易安排等。

通道费是指在金融交易中,由于资金需要通过特定渠道进行流转而产生的费用。

过桥费通常指短期贷款或过桥资金所产生的费用,用于填补资金缺口或时间差。

贷款管理费是指银行或其他金融机构为管理和维护贷款项目而收取的费用,用于覆盖贷款发放后的管理成本。

八、涉案主要法律依据

《中华人民共和国刑法》

第二百七十一条第一款　公司、企业或者其他单位的工作人员,利用职务上的便利,将本单位财物非法占为己有,数额较大的,处三年以下有期徒刑或者拘役,并处罚金;数额巨大的,处三年以上十年以下有期徒刑,并处罚金;数额特别巨大的,处十年以上有期徒刑或者无期徒刑,并处罚金。

第十八例

债券交易暗箱操作
虚增环节赚取利差

一、案情简介

2000年,甲开始从事证券相关业务。

2008年,甲借用同学刘某的身份证注册了F公司,还在交易指令单据上代签刘某的名字,开通了浦发银行的银行卡。而后,F公司与某农村商业银行签订了《代理货币市场业务主协议》《全国银行间债券市场债券回购主协议》,由此,F公司取得银行间债券市场交易丙类户资格。

2009年,甲入职Z信托公司,先后担任固定收益部、资产管理部总经理助理,主要工作职责是进行银行间债券市场的债券交易。自此开始,甲主要通过以下两种方式获取非法利益。

(1)"闭环交易"

甲安排Z信托公司以相对低的价格购入一只债券或者通过代持价格已经上涨的债券,在明知可以卖到较高价格的情况下,不直接投入市场获取较高利润,而是直接或间接将债券卖给自己控制的丙类户——F公司,再安排Z信托公司作为后手以高价从F公司买回后再投放市场，或者继续通过代持养券。由此，丙类户债券的市场风险全部交由 Z 信托公司承担，甲赚取实实在在的现实利差。

（2）"低买""高卖"

低价购进，即甲在明知某债券可以卖到较高价格的情况下，安排 Z 信托公司将其持有的债券不直接以市场价格投入市场，而是以明显较低的价格卖给自己的丙类户——F 公司，然后再安排 F 公司以市场价抛向市场；高价卖出，即甲安排自己控制的 F 公司购入一只债券后，抬高价格，再安排 Z 信托公司以明显较高的价格买入。

与"闭环交易"的不同之处在于，债券在丙类户和 Z 信托公司过手之后，最终直接走向市场，并不存在回购等回转的状态。

2009 年 4 月至 2010 年 12 月，甲利用职务便利，凭借 Z 信托公司的资质、信用以及公司提供的交易平台，在银行间债券市场分别寻找资金客户和债券客户，从事债券撮合交易。交易过程中，甲通过上述两种交易方式，将 Z 信托公司应得利益共计 2.07 亿余元输送至 F 公司。

甲为自己输送大量非法利益后，先后在北京及哈尔滨购置了 6 套房产；花费 500 余万元购买了 4 辆豪车；花费 1000 万元成立了某传媒公司；为本人及母亲购买保险花费 1200 万元；给前女友分手费 400 余万元；借给朋友 500 万元；其名下多家银行账户还有存款共计 1 亿余元。

二、办案策略

（一）总体思路

严查大额资金来源，发现关联交易问题，弄准丙类账户归属，核实债权交易方式，揭露职务侵占本质。

（二）具体措施

1. 调取甲本人及家庭名下银行账户、企业及房产等资产情况，掌握大额资金出入情况，发现交易对手 F 公司账户大额转账的问题线索。

2. 调取 F 公司工商资料及银行账户交易流水，发现掌握公司法定代表人系刘某以及 2.07 亿余元进账的证据。

3. 找刘某谈话，掌握甲借用其身份证注册公司的证据。

4. 调取 F 公司业务资料，找财务及相关工作人员谈话，了解掌握甲实际掌控 F 公司以及 F 公司具备丙类户资格，与 Z 信托公司等企业开展债券交易的情况。

5. 找 Z 信托公司负责人谈话，核实掌握与 F 公司进行债权交易的情况以及对甲控制 F 公司进行关联交易并不知情的证据。

6. 根据上述证据找甲谈话，问清甲隐蔽开设丙类账户，利用 F 公司通过"闭环交易""低买""高卖"的方式获取非法利益的全部事实。

三、心理攻防

【对阵表】

当事人	当事人主要心理状态		办案人员主要攻心策略
	案发前	案发后	
甲	1. F 公司并非在自己名下，隐蔽安全。 2. 赚取差价的交易方式非常隐蔽，不会被发现问题。	1. 撮合债权交易是靠自己的能力，并非利用职务便利。 2. Z 信托公司的交易须经公司审批，自己无决定权。	1. 抓住其借用同学刘某身份证开设 F 公司的事实，纠问真实目的，打击其心理防线。 2. 纠问其开设丙类账户并隐藏自己实控该账户的目的，进一步打击其心理防线。

续表

当事人	当事人主要心理状态		办案人员主要攻心策略
	案发前	案发后	
		3. 收益中 30% 为绩效考核奖金，自己有权获得。	3. 根据已查清 F 公司撮合交易情况，揭露其赚取非法利益的实质，打击其抵赖心理。 4. 根据 Z 信托公司证人证言及相关书证，揭露其隐瞒自己开设并实控丙类账户的欺骗心理。 5. 讲清绩效考核奖金发放规定，否定其有权获得奖金的错误认识和辩解。

【谈话思路演示表】

被谈话人	谈话要点	取证要点
甲	F 公司是否为你实控及如何开设？	是我实控，利用同学刘某身份开设的。
	F 公司具有丙类户资格是否向 Z 信托公司报告？	没有报告，Z 信托公司不知情。
	F 公司的盈利是通过什么方式获得的？	通过撮合债券交易赚取利差。
	如何撮合债券交易赚取利差？	利用 Z 信托公司"闭环交易""低买""高卖"。
	为什么能够成功撮合债券交易？	因为我可以利用 Z 信托公司的资质、信用以及公司提供的交易平台，找到资金客户和债券客户。
	F 公司资金的去向是？	用于购置房产、豪车等各类个人开支。

四、定案关键点

本案定案关键是要对以下两个方面先后进行认定。

(一) F 公司与 Z 信托公司之间的关系

1. 甲本人供述、F 公司银行资料及 Z 信托公司内部规定等，可以证明 F 公司系甲实际控制并用以进行关联交易的银行间债券市场交易丙类户，Z 信托公司不允许公司交易员开设丙类户进行关联交易，对甲控制 F 公司进行关联交易并不知情。

2. 根据中国人民银行颁发的《全国银行间债券市场买断式回购业务管理规定》，从事买断式回购的市场参与者应签订买断式回购主协议和书面形式的合同，而 F 公司与 Z 信托公司并未签订任何形式的协议。

3. Z 信托公司出具的情况说明明确表示因与丙类户交易存在高风险，不与包括 F 公司在内的丙类户进行交易，也不会为丙类户代持债券，由此证明 F 公司与 Z 信托公司合作进行买断式回购交易，并由 F 公司赚取风险溢价缺乏证据支持。

4. 涉案部分债券交易审批单上虽然标注"代持""冲回""预留利润"，但不能证明 Z 信托公司为 F 公司代持债券，Z 信托公司并无向 F 公司汇划资金的记录，预留部分利润给 F 公司用以承担交易风险亦无证据支持。

(二) 甲的行为性质

1. 在撮合交易过程中，甲利用掌握债券交易价格等交易关键要素的职务便利，以及 Z 信托公司债券审批流程中的漏洞，将其实际控制的 F 公司引入交易流程；通过增加交易环节，将本应归属于 Z 信托公司且可确定的利益输送至 F 公司，后予以个人占有、支配。

2. 甲明知银行间债券市场交易人员不得通过关联交易进行利益输送，仍通过实施上述行为，侵占 Z 信托公司应得巨额经济利益，其客观行为反映出非法占有公司财产的主观故意。

3. 甲的行为并非单纯违反公司员工的忠实义务，其背信行为严重损害了 Z 信托公司财产利益，已符合职务侵占罪的主客观要件要求，应按照该罪定罪处罚。

五、定性结论

甲身为信托公司工作人员，利用职务上的便利，将本单位财物非法占为己有，数额巨大，侵犯了单位的财产权利，其行为已构成职务侵占罪，依法应予以惩处。

六、认识误区表

错误认识	正确理解
行为人在银行间债券市场分别寻找资金客户和债券客户，从事债券撮合交易。此债券交易须经过行为人所在信托公司审批，行为人无自主决定权，其在债券市场上赚取到的利润，主要取决于行为人个人能力，该利润具有人身依附性，因此不构成犯罪。	行为人作为信托公司员工，使用公司提供的办公条件和交易平台，凭借信托公司的资质和信用，在债券市场分别寻找债券客户和资金客户，进行债券撮合交易，该行为属于职务行为范畴，由此获得的收益应当归属于信托公司。信托公司债券交易审批流程中所存在的问题，以及行为人在债券撮合交易中的个人能力因素，均不能改变涉案钱款归公司所有的属性，亦不能影响对行为性质系犯罪的认定。

续表

错误认识	正确理解
信托公司实行绩效考核制，将部门收益30%作为可分配奖励，用作固定收益部员工的奖励以及行为人个人可实际获得的奖金，因此在计算犯罪数额时，应当将这30%部分扣除。	信托公司绩效考核遵循一定流程，在进行绩效考核之前，部门创收属于信托公司合法财产；30%部分能否用作固定收益部员工的奖励以及行为人个人可实际获得的奖金，取决于固定收益部可识别费用支出、部门整体盈亏及部门负责人的决策等多种因素，行为人的犯罪行为导致涉案款项未能被纳入固定收益部绩效考核范围；行为人对涉案款项直接予以非法占有，系对信托公司合法财产的侵占，均应计入其犯罪数额，行为人也不应从犯罪行为中获利。

七、金融背景知识补充

1. 什么是丙类户？

银行间债券市场结算成员分为甲、乙、丙三类，甲类户为商业银行，乙类户为信用社、基金、保险和非银行金融机构，丙类户为非金融机构法人；甲、乙类户可以直接在银行间债券市场交易结算，而丙类户只能通过甲类户代理结算和交易。

2002年年底之前，丙类户仅作为结算账户而非交易主体存在于债券市场，只能与其对口的甲类户进行交易。2005年9月，出于活跃市场的需要，央行"开闸放水"，允许丙类户进入市场交易，丙类户自此获取交易资格。丙类户因开户门槛低，缺乏实质性监管，渐渐成为利益输送的通道。随着监管不断对债券市场加强管理，自2010年"张某国债招标舞弊案"之后，丙类户交易乱象逐渐得到缓解。

2. 什么是"代持"？

代持是指在银行间债券市场不转移债券所有权，而请其他机构代为持有债券，代持期满再以事先约定的价格购回债券。

八、涉案主要法律依据

《中华人民共和国刑法》

第二百七十一条第一款　公司、企业或者其他单位的工作人员，利用职务上的便利，将本单位财物非法占为己有，数额较大的，处三年以下有期徒刑或者拘役，并处罚金；数额巨大的，处三年以上十年以下有期徒刑，并处罚金；数额特别巨大的，处十年以上有期徒刑或者无期徒刑，并处罚金。

第十九例

隐蔽开展通道业务
隐瞒实控配资牟利

一、案情简介

2017年11月至2018年5月，A期货公司通过某银行募集资金陆续发行某资产管理计划（以下简称F基金）三期至七期。在此过程中，为适应资产管理业务监管要求，A期货公司决定按照公司资产管理部副总经理甲的建议，将基金产品投资于私募基金，并引入场外期权交易模式来维护基金净值，以保障基金产品获得稳定的收益。

在拟订方案获公司批准后，甲利用担任A期货公司资产管理部副总经理及F基金投资经理的职务便利，在公司资产管理部员工乙的协助下，开始联系B公司和C公司，并在A期货公司不知情的情况下，开展通道业务，即由A期货公司F基金购买B公司和C公司发行的私募证券投资基金，再由B公司和C公司让渡私募基金全部交易权限和大部分风险管理权限。

2018年2月前后至11月底，甲将上述两家基金公司发行的4只共4亿元私募基金产品在E证券公司、F证券公司按照1:1比例进行融资后，通过雷某介绍将 8 亿元基金交易份额出借于施某等人开展场外配资业务，由甲等人进行风控。在此期间，甲向施某收取配资额年化 10% 的利息，其中，高于 A 期货公司要求的基金年化收益 8.5% 的部分共计 1400 万元，甲以弥补 A 期货公司前期投资损失为由，让施某转至其本人及乙的妻子谢某等人银行账户，最终归其实际支配和使用。

2018 年 5 月至 8 月，甲为自行开展配资业务，在 A 期货公司资产管理部员工乙、丙等人协助下，以同学、前同事关系为基础组织配资团队，挂靠侯某控制的公司开展业务。该团队由甲实际控制、丙日常管理。丁于 2018 年 6 月加入该团队，参与给客户分仓、风控、资金调配、基金净值核算等业务。同时，甲、乙、丙等人又先后联系、对接了 G 公司、H 公司、K 公司开展通道业务，发行五只基金产品，共计包括 F 基金三期至七期募集资金 5.36 亿元，并由甲等人在平安证券公司、兴业证券公司进行融资后用于配资。

在配资过程中，雷某为甲的团队介绍配资客户，乙、丙负责对接客户，丁负责评估客户拟投资股票的风险并向证券公司融资，以甲的司机邱某名义与客户签订借款合同并用邱某银行账户收取客户保证金及利息，"交易室"根据配资比例和保证金数额使用分仓软件生成基金账户的子账户供客户购买股票，并对配资使用情况进行风控。甲、乙等人联系 L 公司发行"FT6 号"，以场外期权交易方式维护基金净值。配资结束后，丁等人与客户进行结算。2018 年 6 月至 11 月，在 A 期货公司不知情的情况下，甲等人采用上述方式为杨某、周某、姚某、庄某、余某等人配资并收取每年 13.2% 至 15.6% 的利息，所得款项由甲和雷某按比例分成。

二、办案策略

（一）总体思路

依据流水倒查，顺藤摸瓜问话，问清配资流程，查实通道业务，揭开挪用面纱。

（二）具体措施

1. 调取甲本人及乙的妻子谢某银行流水，发现大额进账、由甲本人支配使用的问题线索以及交易对手的情况。

2. 找乙的妻子谢某谈话，了解掌握接收施某转账的具体情况。

3. 找施某谈话，掌握甲利用本人账户及谢某账户收取配资利息的情况以及雷某介绍甲开展场外配资业务的实情。

4. 找雷某谈话，加大谈话力度，重点突破，问清雷某向甲介绍配资客户的全部情况。

5. 找配资客户逐一谈话核实，问清甲收取配资利息、保证金及甲的团队成员组成和分工情况。

6. 找乙、丙、丁分别谈话，加大谈话力度，重点突破，问清开展通道业务的合作公司及融资、配资、与客户结算的操作流程。

7. 向通道业务的合作公司调查核实，掌握其让渡私募基金全部交易权限和大部分风控权限的实情。

8. 根据上述证据，找甲谈话，一次性突破，问清其利用自身职权，通过私募基金产品开展通道业务，为他人配资而谋取个人利益的实情。

三、心理攻防

【对阵表】

当事人	当事人主要心理状态		办案人员主要攻心策略
	案发前	案发后	
甲	通过通道业务配资取息，非常隐蔽。	1. 乙、丙、丁深度参与，不会说出真相。 2. 坚称资金一直存放于合作公司发行的私募基金的托管账户上，并未挪用。 3. 坚称从未误导过A期货公司或者私募基金公司。 4. 坚称A期货公司明确知晓并且认可自己操作的这种业务模式。	1. 根据甲自身工作岗位职责，揪住其对公司发行私募基金策略的知情，打击其心理防线。 2. 纠问其本人及实控银行账户大额进账原因，打击其侥幸心理。 3. 利用信息不对称优势，揭示乙、丙等人参与行为，打击其攻守同盟心理。 4. 出示开展通道业务相关证据，揭示合作公司让渡管理权限的真相，打击其抵赖心理。 5. 利用配资人证言等大量证据，揭露其利用单位资金出借获取利息及保证金，打垮其心理防线。
乙、丙	配合甲开展通道业务及融资、配资、结算，隐蔽、安全。	1. 坚称自己没有与甲合谋，对资金来源并不知情。 2. 坚称自己只是按照自身职责并根据甲的指令完成相关工作。	1. 结合其各自岗位职责和经办事项，加大谈话力度，迫使其承认知情团队行为并非公司正当的业务方式和经营行为，打击其抵赖心理。 2. 根据配资客户及合作公司的相关证据，营造"铁证如山"的氛围，迫使其交代与甲共谋实情，打击其侥幸心理。 3. 利用信息不对称优势，揭示与甲共谋行为，打破与甲的攻守同盟。

【谈话思路演示表】

被谈话人	谈话要点	取证要点
甲	你的银行账户及由你实际支配使用的谢某账户中的大额款项是从哪来的？	是为人配资收取的利息、保证金。
	配资款项从何而来？	是 A 期货公司的资金。
	如何操作使用 A 期货公司？	是通过开展通道业务，而后融资、配资，再与客户结算获取保证金、利息的。
	具体是如何操作的？	我组建了一个团队，在乙、丙、丁的协助之下，分工负责完成的。
	与乙、丙等人如何商议的？	（具体商议过程）
	通道业务是如何开展的？	对接了合作公司，使其让渡管理权限。
	开展通道业务的真实目的是什么？	是方便我和我的团队有效管控、利用单位资金。
	为什么要采用上述方式进行场外配资？	上述方式非常隐蔽，并未将单位资金挪出，却可以实现利用其获取私利的目的。

四、定案关键点

本案中，单位资金并未从单位账户中挪出，仅属于改变单位资金保管状态的情形，能否认定为"挪用"，可围绕以下几个关键点分析。

1. B 公司、C 公司、G 公司、H 公司、K 公司负责人证言及相关业务资料，证实几家基金公司让渡管理权限，使案涉资金表面上一直存放于合作公司发行的私募基金的托管账户上，甲等人并未挪出至其他账户，但实际上使甲的团队取得了资金的控制使用权。他们实施的行为已经完全改变了原有的资金保管、使用状态，使资金产生损失或灭失的风险。

2. 甲本人供述及乙、丙、丁、雷某等人证言，证实甲在实施上述行为前，已与他人共谋使用单位资金为他人配资，在约定利益分成、实际控制资金后，即由他人为其大肆介绍社会上需要资金的配资人，并与配资人签订借款协议，将资金实际出借于配资人购买股票。

3. 甲本人和乙妻子的银行流水及雷某等人的证言，证实甲收取了配资利息及保证金，具有为自己牟取利益的目的，而不是出于善良管理者支配、利用单位资金的目的。

4. "FT6号"认购相关资料，证实该认购资金中至少有71.95%来自甲的司机的账户收取的客户保证金。

五、定性结论

甲利用担任期货公司资产管理部副总经理管理、运营F基金产品的职务便利，在乙、丙等人协助下，与五家基金公司联系发行私募基金作为F基金产品的投资通道，向A期货公司隐瞒其本人实际控制F基金中的资金，用于为施某等人配资及自己成立公司为他人配资，从中赚取巨额利益，应当认定为挪用资金的行为。

六、认识误区表

错误认识	正确理解
资金一直存放于合作公司发行的私募基金的托管账户，行为人并未挪出至其他账户，不属于"挪用"。	不能仅看单位的资金是否离开原来存放的账户，还要重点审查行为人的具体操作有无改变原有的资金保管、使用状态，资金有无产生损失或灭失的风险。在行为人改变单位资金保管状

续表

错误认识	正确理解
	态的情形下，该行为改变了资金的支配主体或者管理方式，使单位对资金的财产权益潜在地发生变化，资金遭受损失的风险产生或者增加。相关法律规定及司法解释已经将这种行为评价为犯罪，给予刑事处罚。

七、金融背景知识补充

基金托管是指基金托管人根据相关法律法规的要求，安全保管基金资产，办理资金清算、会计核算、监督基金管理人投资运作等活动的业务。

在金融领域，通道业务通常指金融机构作为通道方，为客户提供融资、投资、交易等中介服务，而不直接承担投资风险。

八、涉案主要法律依据

《中华人民共和国刑法》

第一百八十五条第一款　商业银行、证券交易所、期货交易所、证券公司、期货经纪公司、保险公司或者其他金融机构的工作人员利用职务上的便利，挪用本单位或者客户资金的，依照本法第二百七十二条的规定定罪处罚。

第二百七十二条第一款　公司、企业或者其他单位的工作人员，利用职务上的便利，挪用本单位资金归个人使用或者借贷给他人，数额较大、超过三个月未还的，或者虽未超过三个月，但数额较大、进行营利活动的，或者进行非法活动的，处三年以下有期徒刑或者拘役；挪用本单位资金数额巨大的，或者数额较大不退还的，处三年以上十年以下有期徒刑。

第二十例

巧借名义移花接木
套贷自用资金断链

一、案情简介

甲系 S 市农村商业银行股份有限公司 A 支行 B 路口分理处主任。

2014 年 11 月，甲与乙达成协议，由乙作为名义借款人，在该行申请 C 类便民卡贷款，贷出的钱由甲使用并偿还本息。乙依约提供了必要的贷款申请材料，并在相关贷款合同及文件上签字确认。随后，甲通过伪造贷款担保资料，成功以乙之名获取了 50 万元的贷款授信额度。甲通知乙至分理处办理放款手续，乙在放款确认书上签字并将银行卡交付甲后，甲立即将 50 万元贷款转入个人账户，用于个人债务清偿及日常消费。

2015 年 4 月，甲故技重施，与丙合作，以丙为名义借款人申请贷款。丙按要求提交资料并签字。同时，甲以其自有房产（评估价值 35 万元，抵押担保 21 万元）及第三人作为保证人，为贷款提供双重保障。贷款获批后，甲利用以丙名义申请的 C 类便民卡，在分理处自行办理放款手续，将 50 万元贷款转入个人账户，同样用于个人财务周转。

2014年11月至2016年3月，甲利用职务上的便利，采取如上所述的方式，假借他人之名，先后多次在其所在的S市农村商业银行股份有限公司A支行办理贷款，累计套取银行贷款总额达145万元，均用于个人使用。每笔贷款初期，甲每月每期按时归还贷款本息（其中以乙、丙办理的贷款按时归还本金后续贷），但随着其资金链的断裂，最终甲无法继续偿还，导致案发时仍有100万元的本息未能归还。

二、办案策略

（一）总体思路

查贷款人员真伪，查贷款资料虚实，查批贷手续问题，查贷款资金去向，定有无利用职权。

（二）具体措施

1. 根据案涉贷款本息未予归还的情况，找贷款人核实了解，掌握实际用款人为甲的问题线索。

2. 调取案涉贷款资料，仔细审查资料中填报信息虚实，发现贷款担保资料造假以及假冒签名的问题。

3. 找分理处相关工作人员谈话，了解案涉贷款放款具体过程，掌握甲直接行使受理调查岗职责以及指使工作人员发放贷款的证据。

4. 调取名义贷款人及甲本人银行交易记录，掌握贷款实际转入甲个人账户用于债务清偿及日常消费的证据。

5. 找甲谈话，问清安排名义贷款人申请贷款以及利用职权放贷的具体过程，掌握钱款具体使用去向。

三、心理攻防

【对阵表】

当事人	当事人主要心理状态		办案人员主要攻心策略
	案发前	案发后	
甲	安排他人申请贷款，程序正规，不会被人发现与己有关。	1. 坚称未利用职权发放贷款，程序正规合法。 2. 坚称不是以非法占有为目的，有还款行为。 3. 只是借用别人名义贷款，不涉嫌犯罪。	1. 抓住其银行流水显示的钱款进出去向，纠问其钱款来源，打击其心理防线。 2. 揪住贷款资料中造假问题，进一步打击其心理防线。 3. 利用信息不对称优势，纠问其安排名义贷款人申请贷款的情况，打击其侥幸心理。 4. 利用分理处相关工作人员证言，揭露其利用职权发放贷款的真相，打击其抵赖心理。 5. 讲清法律规定，厘清挪用资金与职务侵占的模糊认识，澄清非罪的错误理解，促使其认罪伏法。

【谈话思路演示表】

被谈话人	谈话要点	取证要点
甲	你银行账户中收到的145万元钱款是什么钱？哪来的？	是在分理处申请贷款的乙、丙等人转给我的。
	乙、丙等人为什么转钱给你？	是我安排的，我想用他们的名义贷款，临时用一下。
	你和乙、丙等人是如何商量的？	（具体商量的过程）

续表

被谈话人	谈话要点	取证要点
	上述钱款的用途是？	用于我个人财务周转、债务清偿及日常消费。
	有无还本付息？	每月每期按时归还贷款本息，后来资金链断裂，还差100万元还不上了。
	申请贷款资料是否真实？	有真有假（具体说明）。
	贷款最终是如何获批发放的？	我利用职务便利亲手操办或者安排工作人员办的。

四、定案关键点

本案定案关键在于，考察行为人有无利用职务便利，有无非法占有目的，以此区分甲的行为构成挪用资金罪还是职务侵占罪。

1. 分理处相关工作人员的证言以及贷款审批材料，可以证明在涉案的便民卡信用贷款办理流程中，甲作为分理处主任直接行使了受理调查岗的职责，特别是在乙、丙的贷款发放环节，直接利用职权指使工作人员发放贷款并冒名签字，故其犯罪过程中明显利用了职务便利。

2. 甲本人供述及银行流水，可以证明甲办理多笔贷款的主观目的是用以资金周转；虽然甲在办理本案第一笔贷款时已有负债，但在2016年7月以前，其银行账户亦有大量的资金可用于流转，同时每年有10万元以上工资以及其他收入，尚有资金周转能力。贷款后，前期每月每期均按时归还贷款本息，还为丙的贷款提供了自身房产（评估价35万元）作抵押担保，每笔贷款均有偿还意愿，故定职务侵占罪的证据不足。

五、定性结论

从甲的行为方式来看,一方面采取虚构事实、隐瞒真相的方式,另一方面采取利用职务便利的方式;但纵观整个犯罪过程,其主要还是利用了职务便利,故本案应以挪用资金罪定罪处罚。

六、认识误区表

错误认识	正确理解
以他人名义贷款,自己归还本息,至多是违规或者违法行为,不构成犯罪。	这类贷款行为首先是违法违规行为,另外还要深入调查贷款办理过程,判定是否涉嫌职务犯罪,即考察行为人是否利用了本人职务、岗位或地位形成的便利条件,包括经手一定事项的权利。若存在这些行为,则应以职务犯罪定性评价。
利用职务便利,冒用他人名义办理贷款,属于职务侵占的行为。	不能一概而论,此类行为是否构成职务侵占罪,要注重分析判断行为人是否具有非法占有的目的。可从有无资金周转能力、有无按时归还本息以及有无提供担保等,来判断行为人有无偿还意愿,进而判断有无非法占有的目的。

七、金融背景知识补充

1. 名义借款人,指在贷款合同中作为借款人名义上承担责任,但实际上并不享有贷款资金使用权或所有权,而由他人(如本案例中的甲)实际使用和控制贷款资金的人。

2. 贷款授信额度,指银行或其他金融机构根据借款人的信用状况、还款能力等因素,授予其一定时期内可以使用的贷款额度。在这个额度内,借款人可以根据需要多次申请贷款,而无须重新进行信用审查。

八、涉案主要法律依据

《中华人民共和国刑法》

第一百八十五条第一款 商业银行、证券交易所、期货交易所、证券公司、期货经纪公司、保险公司或者其他金融机构的工作人员利用职务上的便利，挪用本单位或者客户资金的，依照本法第二百七十二条的规定定罪处罚。

第二百七十二条 公司、企业或者其他单位的工作人员，利用职务上的便利，挪用本单位资金归个人使用或者借贷给他人，数额较大、超过三个月未还的，或者虽未超过三个月，但数额较大、进行营利活动的，或者进行非法活动的，处三年以下有期徒刑或者拘役；挪用本单位资金数额巨大的，处三年以上七年以下有期徒刑；数额特别巨大的，处七年以上有期徒刑。

国有公司、企业或者其他国有单位中从事公务的人员和国有公司、企业或者其他国有单位委派到非国有公司、企业以及其他单位从事公务的人员有前款行为的，依照本法第三百八十四条的规定定罪处罚。

有第一款行为，在提起公诉前将挪用的资金退还的，可以从轻或者减轻处罚。其中，犯罪较轻的，可以减轻或者免除处罚。

第二十一例

投资代表违规转款
基金募集资金遭劫

一、案情简介

T投资中心系A控股公司与B投资公司为组建"A·T新城市经济投资基金"而成立，该基金的设立系为A控股公司及其下属各子公司、参/控股项目公司，为当时持有以及之后一段时间内拟投资的各类型项目提供专项投资资金、流动资金支持、资产证券化等各类型金融服务。

2015年3月6日，T投资中心被核准登记，为有限合伙企业，登记合伙人分别为B投资公司（普通合伙人）、S公司（有限合伙人）；执行事务合伙人为B投资公司，委派该公司董事长甲为执行事务合伙人的代表。S公司系为A控股公司代持合伙份额。

T投资中心被核准成立后，在H市政务区广场1号写字楼1607室实际营业。甲作为执行事务合伙人的代表，以"SAT投资中心（有限合伙）综合收益权投资基金计划（FⅠ号）"（以下简称为F基金）名义进行了基金募集。2015年3月底至7月，先后自Y资产管理有限公司以及胡某等8名自然人处募集到资金2735万元，所募集的资金均转入了 T 投资中心在中信银行 H 市政务区支行设立的基金募集专用账户。之后，有 300 万元以计提风险准备金名义转至 T 投资公司，其余 2435 万元甲未履行投资决策程序，违反约定的资金用途，以资金托管名义转至由甲担任执行事务合伙人代表的 D 投资中心银行账户，继而转至甲个人账户和与 T 投资中心无关的个人及单位银行账户使用，直至案发时未予归还。

2015 年 12 月底，A 控股公司鉴于实际情况，与 Y 资产管理有限公司以及胡某等 8 名自然人签订协议，以受让出资人权益的方式，将 F 基金投资人的投资款共计 2735 万元予以返还。

二、办案策略

（一）总体思路

查基金项目交易，查同时管理项目，查有无决策权力，查经否决策程序，查涉案资金性质，定挪用犯罪行为。

（二）具体措施

1. 调取 F 基金投资项目、托管账户的资料以及账户交易流水，查清资金往来情况，掌握涉案资金转入甲个人及无关单位银行账户的证据。

2. 根据上述银行账户交易对手信息，发现资金转入账户系 D 投资中心账户，调取该中心资料，掌握其中私募基金项目由甲管理的证据。

3. 调取上述私募基金项目账户、资金往来以及投资经营情况等资料，掌握涉案资金用于甲同时管理的私募基金项目互相拆解挪用、进行营利活动的证据。

4. 调取涉案资金动用审批流程文件以及 F 基金管理人职责、委托授权内容、投资决策程序等资料，掌握甲利用职务便利，不经决策程序，擅自决定挪用资金的证据。

5. 调取 T 投资中心工商资料，查清企业性质，掌握 B 投资公司为合伙人的证据。

6. 找 F 基金项目及 D 投资中心相关财务人员谈话，掌握甲利用职务便利，将涉案资金挪作他用的证据。

7. 找甲谈话，问清其作为执行事务合伙人代表的职权以及将涉案资金挪作他用的过程和目的。

三、心理攻防

【对阵表】

当事人	当事人主要心理状态		办案人员主要攻心策略
	案发前	案发后	
甲	自己有将募集到的资金挪作他用的便利条件，操作起来也非常隐蔽，不会出事。	坚称对涉案资金的使用符合约定的投资用途，也符合其职权范围，只是民事纠纷，不构成犯罪。	1. 结合 T 投资中心成立目的，纠问 F 基金资金使用去向，打消其侥幸心理。 2. 根据已掌握 F 基金资金审批使用的实情，纠问其未经决策程序的原因，打消其抵赖心理。 3. 纠问其同时管理的私募基金项目资金来源，进一步攻击其心理防线。 4. 抓住其作为执行事务合伙人代表的岗位职责，纠问其有无独立决策权，迫使其如实承认挪用资金的主观故意。

【谈话思路演示表】

被谈话人	谈话要点	取证要点
甲	F 基金资金使用去向是？	其中 2435 万元先是转入 D 投资中心银行账户，继而转至我个人账户和与 T 投资中心无关的个人及单位账户。
	上述 2435 万元资金使用是否符合规定？	不符合规定，按照 T 投资中心成立的目的，应当将资金用于 A 控股公司及其下属各子公司、参/控股公司。
	上述 2435 万元资金使用有无经过决策程序？	没有，是我擅自决定的。
	在 F 基金资金使用上，你有无独立决策权？	没有，我只是执行事务合伙人委派的代表，并不享有独立投资决策权。
	上述 2435 万元使用的目的是什么？	是为了我同时管理的 D 投资中心私募基金项目相互拆借以及其他项目的投资营利。
	你是否想非法占有上述 2435 万元？	并不是，是想暂时挪作投资使用。

四、定案关键点

（一）涉案资金是否属于"本单位资金"

私募基金管理人和投资人共同成立合伙企业、公司发行私募基金，投资人通过认购基金份额成为合伙企业、公司的合伙人、股东，私募基金管理人作为合伙人、股东负责基金投资运营，其工作人员利用职务便利挪用私募基金资金的，实际挪用的是合伙企业、公司的资金，因该工作人员同时具有合伙企业或者公司工作人员的身份，属于挪用"本单位资金"的行为。本案中，B 投资公司、A

控股公司、Y资产管理有限公司及8名自然人均为T投资中心合伙人，甲利用担任合伙人代表的职务便利，擅自决定将私募基金资金转入其个人及无关账户，应当认定为挪用"本单位资金"。

（二）甲是否具有独立投资决策权

B投资公司与A控股公司合作成立的T投资中心的目的是为A控股公司及其下属各子公司、参/控股公司已经持有以及拟投资的各类型项目提供专项投资资金、流动资金支持、资产证券化等各类型金融服务，所有基金业务投资标准必须为基金的设立目标而制定。因此，T投资中心、F基金基于此目的而成立和募集，B投资公司作为普通合伙人担任执行事务合伙人，甲作为执行事务合伙人委派的代表并不享有独立投资决策权，应当依照约定对募集资金的投向履行投资决策程序，并执行投资决策决定。

（三）有无证据证明甲利用职务便利挪用资金

一是F基金管理人职责、委托授权内容、投资决策程序等证据，能够证明甲利用职务便利，不经决策程序，擅自决定挪用资金；二是F基金投资项目、托管账户和可疑账户、资金往来等证据，能够证明甲擅自决定资金使用已超出投资项目约定，将受委托管理的资金挪为个人使用或者借贷给他人；三是甲同时管理的其他私募基金项目（D投资中心项目）、账户、资金往来以及投资经营情况等证据，证明存在甲个人管理的项目间资金互相拆借挪用、进行营利活动的情形。

综合上述三个方面可认定，甲未经决策程序，擅自决定F基金资金用于非该基金设立目的，属于挪用本单位资金的行为。

五、定性结论

甲在担任 SAT 投资中心（有限合伙）执行事务合伙人的代表期间，利用职务上的便利，挪用该投资中心募集的资金归个人使用，数额巨大，未能归还，其行为已构成挪用资金罪。

六、认识误区表

错误认识	正确理解
负责基金管理的工作人员，因具备管理人职责权限，可以结合项目运营需要，将资金挪作他用，即便未经决策程序，也不构成犯罪。	应当全面把握挪用私募基金资金犯罪的特点和证明标准，准确认定案件事实。审查是否存在利用职务便利，不经决策程序，擅自挪用资金的行为；审查资金的使用是否超出投资项目约定；审查是否存在个人管理的项目间资金互相拆借挪用、进行营利活动的情形以及为谋取个人利益而挪用资金供其他项目使用的情形。

七、金融背景知识补充

资金托管是指投资人将资金委托给具有托管资格的机构进行保管，确保资金的安全和专款专用。在本案例中，资金原应托管在指定的账户中，但甲以资金托管名义将资金转至其他账户，违反了资金托管的基本原则。

八、涉案主要法律依据

《中华人民共和国刑法》

第二百七十二条第一款　公司、企业或者其他单位的工作人员，利用职务上的便利，挪用本单位资金归个人使用或者借贷给他人，数额较大、超过三个月未还的，或者虽未超过三个月，但数额较大、进行营利活动的，或者进行非法活动的，处三年以下有期徒刑或者拘役；挪用本单位资金数额巨大的，处三年以上七年以下有期徒刑；数额特别巨大的，处七年以上有期徒刑。

第二十二例

银行职员暗谋代持
挪用巨资债券牟利

一、案情简介

2008年6月至2010年7月,Q银行股份有限公司(以下简称Q银行)金融市场部交易员、副总经理甲与P投资管理有限责任公司(银行间债券市场丙类户,以下简称P公司)的实际控制人乙经事先共谋,为在银行间债券市场中进行债券交易共同谋取利益,口头约定让Q银行为乙控制的丙类户出资买入债券并代持。后甲利用其系Q银行债券交易员的职务便利,在资金审批的过程中隐瞒为行外丙类户代持债券的事实,个人决定挪用Q银行单位资金为乙控制的丙类户买入债券并代持,到期后Q银行以约定价格将债券卖出给丙类户,再由丙类户以市场价格卖出获利,并约定将获利以五五分成比例进行私分,同时约定亏损由二人共同承担。甲、乙采用上述方式共同进行24笔债券交易,共计挪用Q银行资金222908万元,甲、乙通过P公司等从债券交易中非法获利共计1795万元,甲得款741万元,上述被挪用的资金未对Q银行造成直接损失。其中一笔具体事实如下。

2008年6月2日，甲、乙经事先商定，由Q银行为乙控制的丙类户P公司代持券面总额3000万元的"08L黄金"债券，后甲挪用Q银行资金3004万元从中国银行申购该债券为P公司代持。2008年6月12日，乙和甲商定将上述债券卖出获利，由甲将债券卖出给兴业银行（系P公司的代理行），同日由兴业银行按照乙的指令以代理债券买卖的方式，将上述债券以市场价格卖出给某证券有限责任公司。乙、甲通过P公司从上述债券交易中非法获利6.88万元。

二、办案策略

（一）总体思路

查清债券交易获利，发现违规代持问题，掌握二人共谋情况，还原挪用资金事实。

（二）具体措施

1. 调取甲个人及家庭银行流水，掌握大额资金进账的情况。

2. 根据交易对手信息，梳理掌握甲从债券交易中获利的证据。

3. 调取24笔债券交易明细、银行间债券买卖买入成交通知单、卖出成交通知单、转账凭证、现券买卖成交单等材料，掌握债券的流转交易过程，发现Q银行出资为丙类户代持的问题线索。

4. 找Q银行金融市场部负责人及相关工作人员谈话，了解掌握Q银行不允许为行外丙类户代持债券以及甲并未将审批Q银行出资代持债券如实汇报的证据。

5. 调取丙类户开立等相关资料，掌握乙实控丙类户及从债券交易中获利的证据。

6. 找乙谈话，了解掌握与甲共谋，利用 Q 银行资金从事债券交易的全部过程。

7. 找甲谈话，问清其与乙共谋，隐瞒为乙的丙类户代持债券的主观目的以及利用职权挪用 Q 银行资金从事 24 笔债券交易的具体过程。

三、心理攻防

【对阵表】

当事人	当事人主要心理状态		办案人员主要攻心策略
	案发前	案发后	
甲	利用 Q 银行资金代持债券获利，没人会发现，非常隐蔽。	1. Q 银行并未明文禁止为行外丙类户代持。 2. 坚称 Q 银行清楚知道资金使用情况，自己履行的是职务行为。	1. 抓住从债券交易中获利的事实，纠问其主观目的，打击其侥幸心理。 2. 利用已掌握的 Q 银行不准为行外丙类户代持的相关证据，打击其抵赖心理。 3. 根据已掌握的乙的供述，揭露二人共谋挪用资金过程，彻底击垮其心理防线。
乙	甲能利用职权动用 Q 银行资金，获利后与甲平分，甲会愿意的，其他人也不会知道。	1. Q 银行并未禁止为其他银行机构名下所挂的丙类户代持。 2. 坚称本人无挪用资金罪的主观故意，只是请甲帮忙。	1. 揭示其明知 Q 银行不会允许交易员为了谋取个人利益而为自己合作的丙类户代持债券，打击其抵赖心理。 2. 利用信息不对称优势，打击二人攻守同盟，迫使其如实交代与甲共谋的过程。 3. 讲清法律规定，揭示共同犯罪本质，澄清错误认识。

【谈话思路演示表】

被谈话人	谈话要点	取证要点
甲	大额资金来源是？	通过债券交易获得的。
	债券交易的具体过程是？	用Q银行单位资金为乙控制的丙类户买入债券并代持，到期后Q银行以约定价格将债券卖出给丙类户，再由丙类户以市场价格卖出获利。
	为什么要用Q银行资金为乙控制的丙类户代持？	乙和我商量的，这样能利用银行的钱使自己获利。
	Q银行是否允许为他人控制的丙类户代持？	虽然没有明文规定，但是实践中是不允许的。
	你有无在审批资金时将Q银行为乙控制的丙类户代持的事如实报告？	没有。
	关于Q银行单位资金为乙控制的丙类户买入债券并代持，有无经过集体研究？	没有。
	你和乙是如何分润的？	五五比例分成，同时约定亏损由二人共同承担。
乙	你和甲是如何共谋用Q银行资金为你控制的丙类户代持的？	（具体过程）
	Q银行是否允许交易员为了谋取个人利益而为自己合作的丙类户代持债券？	我知道是不允许的。
	为什么要用Q银行资金为自己控制的丙类户代持？	我和甲商量的，这样能利用银行的钱使自己获利。
	有无对Q银行造成直接损失？	没有，只是用了Q银行资金一段时间。

四、定案关键点

本案中，关于甲、乙二人的行为是否属于非法挪用资金的行为，重点有以下几方面证据。

1. Q 银行出具的情况说明，证明 Q 银行不为行外丙类客户办理代持业务。

2. Q 银行工作人员王某、宋某等人的证言，证明 Q 银行对代持和代申购债券业务虽未明文规定，但内部禁止与其他甲类户下挂的丙类户即行外丙类户发生代持。在日常工作的过程中，涉及部门具体业务的会议上，金融市场部的领导都多次明确禁止为行外丙类户代持债券。

3. Q 银行金融市场部总经理朱某的证言，证明交易员从事债券代持业务必须在融资审批单上注明代持，并说明为谁代持及代持时间，甲在审批代持交易时向其隐瞒替行外丙类户代持债券的情况。

4. 甲、乙二人的本人供述，证明"08L 黄金"等 24 笔债券是其和乙按照合作约定共同选券，由甲以 Q 银行的名义和资金申购或买入上述债券并代持一段时间，后二人将上述债券委托其他金融机构代持、过券或直接卖给乙的丙类户的代理行，由该代理行以市场价格卖出，丙类户从债券交易中获利。

上述主要证据，结合其他材料，可以还原在 Q 银行不允许为行外丙类客户办理代持业务的情况下，甲、乙二人共谋后故意隐瞒，利用 Q 银行资金开展债券业务为自己谋利的全部过程。

五、定性结论

本案中，甲、乙二人事先共谋，利用甲担任 Q 银行金融市场部交易员、副总经理的职务便利，使用 Q 银行的资金为乙控制的丙类户代持债券，最终为二人谋取个人利益。甲与乙有挪用资金的共同故意，二人的行为侵犯了 Q 银行资金的使用权，构成挪用资金罪的共同犯罪。

六、认识误区表

错误认识	正确理解
本案中，Q 银行关于代持并无明文规定，没有证据证明 Q 银行禁止为行外丙类户代持；Q 银行清楚地知道资金使用情况，甲履行的是职务行为，没有故意隐瞒代持，没有"个人决定"挪用单位资金。	Q 银行出具的情况说明以及相关证人证言能够相互印证，证实 Q 银行内部明确不允许为行外丙类户代持债券；甲在 Q 银行为乙控制的丙类户代持债券过程中，虽然也报经审批，但该审批仅是形式审批，甲当庭供述代持在其授权范围之内，其可以自己决定；在实际代持过程中，甲也没有汇报是为行外丙类户代持、其自己从中获利的情况。因此，相关证据足以认定甲个人决定以单位名义将本单位资金供其他单位使用，谋取个人利益，属于挪用资金归个人使用，构成挪用资金罪。
本案中，并无证据证明乙知道 Q 银行不允许为行外丙类户代持，因此不能认定乙具有挪用资金的共同故意。	无论乙是否明知 Q 银行不允许为行外丙类户代持，其都应知晓 Q 银行不会允许交易员为了谋取个人利益而为自己合作的丙类户代持债券，因此其与甲共谋挪用 Q 银行资金，属于共同犯罪。

七、金融背景知识补充

1. 丙类户定义和背景

丙类账户是中央国债登记结算有限责任公司设置的债券一级托管账户，主要用于银行间债券市场。丙类账户的持有者主要是非金融机构法人，其交易结算需要委托甲类成员代为办理。

2. 丙类户的功能和作用

丙类账户在银行间债券市场中占比较大,对活跃市场起到了很大作用。丙类账户的引入增加了新的投资者,活跃了整个市场的交易。例如,企业发行债券时,丙类户在与承销团成员签订关于分销数量及利率的协议之后获得相应新券,在二级市场卖出后赚取点差。

3. 丙类户的风险和监管

由于丙类户的信用有限,容易出现违约风险,使交易对手的利益无法得到保障。此外,丙类户在债券市场中存在利益输送的问题,一些金融机构内部人士利用丙类户进行不正当交易,导致市场的不规范操作增多。例如,一些丙类户通过倒券、代持等方式进行利益输送,甚至出现"空手套白狼"的情况。

八、涉案主要法律依据

《中华人民共和国刑法》

第一百八十五条第一款 商业银行、证券交易所、期货交易所、证券公司、期货经纪公司、保险公司或者其他金融机构的工作人员利用职务上的便利,挪用本单位或者客户资金的,依照本法第二百七十二条的规定定罪处罚。

第二百七十二条第一款 公司、企业或者其他单位的工作人员,利用职务上的便利,挪用本单位资金归个人使用或者借贷给他人,数额较大、超过三个月未还的,或者虽未超过三个月,但数额较大、进行营利活动的,或者进行非法活动的,处三年以下有期徒刑或者拘役;挪用本单位资金数额巨大的,或者数额较大不退还的,处三年以上十年以下有期徒刑。

第二十三例

违规放贷执意孤行
千万资金损失难追

一、案情简介

甲系国家工作人员，2012年3月至2018年7月任S省A农业机械有限责任公司（国有公司，以下简称A公司）董事长。B融资性担保公司系由S省C市国有资产监督管理委员会和A公司共同出资设立的国有控股的有限责任公司（以下简称B公司）。

2016年5月，甲违反规定兼任了B公司的决策委员会主任，并指定了包括B公司董事长兼总经理乙、副总经理丙等人在内的决策委员会其他组成人员。

2016年6月，甲为了扩大A公司的经营范围，决定引进物流平台，并安排乙、丙等人前往F省对D集团公司（以下简称D集团）和其全资控股子公司E电子商务有限公司（以下简称E公司）进行贷前调查。同年7月，甲召集会议听取了丙的调查汇报，并提出欲与D集团和E公司合作引进物流平台的计划。因D集团和E公司出现了资金短缺，为了促进合作，甲提出给D集团和E公司委托贷款。参会人员根据丙的调查情况认为，由于D集团和E公司的资产已全部被抵押，且向企业贷款必须遵循地域原则，故均认为给其委托贷款不符合规定。甲随后提出改为给D集团法定代表人丁个人贷款，并由企业提供担保，但这一提议同样因风险过大而遭到反对。甲为了尽快与D集团公司合作，引进互联网平台，决定直接批准以E公司的在建项目租赁权和D集团与E公司的股权为质押担保，向丁个人发放贷款，并指示丙准备委托贷款的相关材料。

2016年8月，B公司对丁的个人委托贷款项目进行了评审和风控评估并出具报告，报告结论是不建议操作该委托贷款业务，该委托贷款的回款安全性较低。但甲在随后召开的B公司项目决策委员会会议上，以决策委员会主任的身份坚持要求向丁发放2000万元的委托贷款，并以D集团及E公司40%的股份和正在建设中的项目房产30年租赁权作担保。由于甲的极力主张，最终决策委员会成员在会议纪要和项目决策委员会审批表上签字同意。

2016年9月，S省G市商业银行受B公司的委托，向丁个人发放委托贷款2000万元，该贷款应于2017年9月到期。

就上述发放贷款事宜，B公司未召开董事会、股东会，其他股东对此不知情，也未按照《C市党委关于贯彻"三重一大"决策制度实施办法（暂行）》（以下简称《"三重一大"办法》）的规定向C市国资管理部门请示和备案。

2017年8月，B公司为丁个人委托贷款展期11个月。2018年2月，丁不再支付利息，丁的企业处于停滞状态，担保公司的财产均被抵押、查封，丧失还款能力。2018年4月，B公司对丁及相关担保公司向法院申请强制执行，未执行到任何款项。

2018年6月，S省监察委员会对甲违纪问题进行立案调查。此时，B公司仅收回利息506.4万元，2000万元贷款本金未能收回。

二、办案策略

（一）总体思路

抓住未偿还款项，倒查审批流程，发现程序问题，锁定关键责任人。

（二）具体措施

1. 调取案涉贷款项目资料，掌握2000万元贷款本金未能收回的问题线索。

2. 调查贷款人及担保公司资产情况，掌握已无偿还能力的证据。

3. 调取B公司股东会、董事会会议记录，并找部分股东、董事了解情况，发现并未上会研究案涉贷款批准发放事宜。

4. 调取B公司决策委员会会议纪要和项目决策委员会审批表，找委员逐一谈话，了解公司决策委员会研究案涉贷款的真实情况。

5. 找案涉贷款评审及风控人员谈话，了解掌握贷款项目真实情况。

6. 根据上述证据材料，基本锁定甲在案涉贷款审批中的关键作用，找甲谈话，问清甲滥用职权的具体情况。

三、心理攻防

【对阵表】

当事人	当事人主要心理状态		办案人员主要攻心策略
	案发前	案发后	
甲	有D集团和E公司的股权质押以及在建项目租赁权的担保，贷款项目不会出问题。	贷款项目已经展期，还未到偿还期限，并未给B公司造成实际损失。	1. 揪住其违规兼任B公司决策委员会主任的情况，打击其心理防线。 2. 根据贷款项目评审及风控情况以及公司决策委员会会议情况，纠问其是否明知贷款项目风险很大，打击其心理防线。 3. 揪住贷款项目未上股东会、董事会研究以及《"三重一大"办法》，纠问其是否明知违规批准贷款，打击其抵赖心理。 4. 讲清法律规定及其行为给公司造成的重大损失，使其认罪伏法。

【谈话思路演示表】

被谈话人	谈话要点	取证要点
甲	案涉贷款项目风险大不大？	风险大，批贷前公司已经做了背景调查及评审和风控评估，发现D集团和E公司的资产已全部被抵押，回款安全性较低。
	最终贷款项目如何审批通过的？	是我极力主张，最终决策委员会成员在会议纪要和项目决策委员会审批表上签字同意。

续表

被谈话人	谈话要点	取证要点
	贷款是否归还？	仅收回利息，2000万元贷款本金未能收回。
	有无将贷款项目按规定提交股东会、董事会审议，并向C市国资管理部门请示和备案？	没有。
	你作为B公司项目决策委员会主任，在贷款项目上是否违规操作？	是的，属于我滥用职权，而且我兼任B公司项目决策委员会主任也是违规的。

四、定案关键点

本案定罪关键有两点，一是甲滥用职权，二是造成实际损失。

（一）能够证明甲存在滥用职权的行为的关键性证据

1. B公司岗位职责，证明B公司项目决策委员会主任应由公司董事长乙担任，甲担任决策委员会主任不符合规定。

2. 涉案贷款项目评审及风控报告，证明B公司曾经对本案贷款项目中的债务人及担保公司财产进行了背景调查，认为本案贷款项目风险极高，回款可能性小，不建议批准发放该笔贷款。

3. B公司股东会会议材料、相关证明材料、《"三重一大"办法》以及B公司决策委员会委员证言，证明B公司未就涉案贷款项目召开股东会、董事会，更未按照《"三重一大"办法》向C市国资管理部门请示和备案。甲拒绝听取决策委员会其他成员反对发放贷款的意见，强行决定发放贷款。

（二）能够证明2000万元贷款为实际损失的关键性证据

1. 丁贷款逾期的通知书、B公司申请强制执行的法律文书及执行情况说明，证明丁及担保公司无力清偿2000万元贷款。

2. D集团的借款及抵押情况说明、D集团被执行情况说明、D集团公司流贷、应付账款明细，E公司的流贷、被执行情况说明，证明作为担保公司的D集团及E公司的负债非常高，所有资产均被查封，无力清偿B公司的贷款。

3. 丁的刑事判决书及服刑材料，证明贷款人丁作为D集团、E公司的核心关键人物，现正在监狱服刑，无力清偿债务。

五、定性结论

甲身为国有公司董事长，在工作中滥用职权，利用其作为控股公司董事长的身份，违规兼任控股国有子公司决策委员会主任职务，在明知向他人发放贷款不符合公司规章制度规定的情况下，安排国有子公司发放贷款，造成国有资金损失2000万元，致使国家利益遭受特别重大损失，其行为构成国有公司人员滥用职权罪。

六、认识误区表

错误认识	正确理解
贷款未到偿还期限，且尚未经有关部门和机构确认为坏账损失，企业内部也未申报坏账，本案中2000万元的贷款不能算作实际损失。	本案中，甲被立案调查时B公司已经申请强制执行，未执行到款项；贷款人丁已经在监狱服刑，无力偿还贷款；担保公司的债务远高于其财产且所有财产均被查封，无力偿还涉案款项。根据《关于办理渎职刑事案件适用法律若干问题的解释（一）》第八条，"经济损失"是指渎职犯罪或者

续表

错误认识	正确理解
	与渎职犯罪相关联的犯罪立案时已经实际造成的财产损失。因此，在甲立案时，该 2000 万元的贷款并未归还，为实际损失。

七、金融背景知识补充

委托贷款是指由委托人提供资金，由受托人（通常是银行等金融机构）根据委托人确定的贷款对象、用途、金额、期限、利率等代为发放、监督使用并协助收回的贷款。委托贷款业务中，银行作为受托人，只收取手续费，不承担贷款风险。

八、涉案主要法律依据

《中华人民共和国刑法》

第一百六十八条第一款 国有公司、企业的工作人员，由于严重不负责任或者滥用职权，造成国有公司、企业破产或者严重损失，致使国家利益遭受重大损失的，处三年以下有期徒刑或者拘役；致使国家利益遭受特别重大损失的，处三年以上七年以下有期徒刑。

《最高人民法院、最高人民检察院关于办理贪污贿赂刑事案件适用法律若干问题的解释》

第十五条 对多次受贿未经处理的，累计计算受贿数额。

国家工作人员利用职务上的便利为请托人谋取利益前后多次收受请托人财物，受请托之前收受的财物数额在一万元以上的，应当一并计入受贿数额。

第二十四例

擅自出函担保承诺
提前变现金蝉脱壳

一、案情简介

甲系A资产管理股份有限公司（国有非银行金融机构，以下简称A公司）总裁助理、投资投行事业部总经理，同时担任B投资管理有限公司（A公司的全资子公司，以下简称B公司）总经理、董事长。

2015年6月，B公司管理的一个基金项目成立，甲让其朋友乙的C公司投资1.61亿余元作为基金劣后级，后其中的1.3亿元出让给B公司，C公司剩余3132.55万元劣后级份额。

2018年2月，为了帮助C公司提前转让剩余的份额并获取利润，甲开始积极寻找合适的承接方，最终甲找到案外人丙帮助承接。在未经B公司经营决策委员会及董事会正式讨论和决策的情况下，甲擅自行动，违规安排B公司向案外人丙实际控制的D公司出具函件，表示知晓D公司出资1.01亿元购买C公司剩余的全部劣后级份额。

2018年3月，在甲及B公司函件的保证承诺下，D公司出资

1.01 亿元承接了 C 公司的劣后级份额。因此，C 公司得以早于 B 公司退出该基金项目，并成功获利 7000 余万元。但 C 公司提前退出导致改变了劣后级合伙人分配协议等文件约定的浮动收益分配规则，使得基金份额年化收益出现差别，经会计师事务所测算，B 公司少分得投资收益 1986.99 万元，给 B 公司带来了严重的经济损失，亦使得国有公司的财产遭受重大流失。

二、办案策略

（一）总体思路

查基金项目管理，查 C 公司进退，查 D 公司出资，查 B 公司函件，算公司经济损失。

（二）具体措施

1. 调取 B 公司基金项目管理资料，发现案涉基金项目存在资金进出异常。

2. 查阅该基金项目资金进出的具体资料，掌握 C 公司投资并出让剩余份额给 D 公司后提前退出的事实。

3. 调取 D 公司出资受让 C 公司剩余份额的资料，并找 D 公司负责人谈话了解，掌握 B 公司出具函件保证承诺的情况。

4. 调取 B 公司出具的保证承诺函件，询问公司相关人员，核实具体函件的具体过程。

5. 请会计师事务所测算 B 公司损失情况，并分析造成损失的原因。

6. 根据上述证据，找甲谈话，一次性突破，迫使其承认帮助 C 公司提前转让剩余基金份额并获取利润的事实。

三、心理攻防

【对阵表】

当事人	当事人主要心理状态		办案人员主要攻心策略
	案发前	案发后	
甲	1. 尽快找人承接C公司剩余份额使其获利，不会出问题。 2. 出具函件保证承诺，能让D公司尽快承接基金份额，不会出问题。	1. 坚称没有特意为帮C公司获利寻找承接方。 2. 坚称没有向D公司作出任何承诺。 3. 公司的利益没有受损。	1. 针对甲任B公司总经理、董事长的工作职责，纠问C公司提前退出基金项目的原因，使其产生思想压力。 2. 纠问D公司能够承接C公司剩余基金份额的原因，不断加大心理压力。 3. 抓住承诺函件，纠问出具函件的过程及目的，打击其抵赖心理。 4. 依据基金项目管理的相关规定，结合丙的证言，阐释其安排公司作出承诺保证使D公司承接基金份额的违规性。 5. 依据会计测算结果，揭示B公司损失的预期利益，进一步打击其心理防线。 6. 讲清法律规定，厘清错误认识，揭示其滥用职权行为的严重后果，彻底打垮其心理防线。

【谈话思路演示表】

被谈话人	谈话要点	取证要点
甲	承接 C 公司剩余基金份额的 D 公司是谁找的？	我找的丙，D 公司为丙实控。
	为什么要找 D 公司承接 C 公司剩余基金份额？	为了让 C 公司提前退出获利。
	D 公司为什么能够承接 C 公司的剩余基金份额？	我本人作出了承诺，也让 B 公司出具了函件承诺保证。
	你是如何安排公司出具承诺保证函的？	（具体过程）
	未经公司经营决策委员会及董事会研究决策，擅自安排出具函件是否违规？	违规了。
	你的行为给公司造成了什么损失？	以会计测算结果为准。

四、定案关键点

本案定案关键在于以下两个方面。

（一）B 公司有无实际损失

本案中，由于 C 公司提前退出，B 公司少分得投资收益近 2000 万元，这种"预期利益"是否应当认定为渎职犯罪中公共财产的损失，应当考虑如下因素。

1. 预期收益是否为"应得而未得"

本案中，经会计师事务所测算，B 公司少分得投资收益 1986.99 万元，这部分钱款应当理解为是 B 公司"应得而未得"

的，有会计测算资料可以证明。

2. 什么原因造成预期收益"应得而未得"

本案中，C公司提前退出导致约定的浮动收益分配规则改变，使得基金份额年化收益出现差别，有劣后级合伙人分配协议等文件可以证明。也就是说，造成损失的并非正常的市场因素，而是介入的其他人为因素。

综合考虑上述两点，市场因素以外的原因导致可计算的预期收益损失，应当认为B公司有实际损失。

（二）甲的行为与B公司实际损失有无因果关系

1. 甲主动联系丙帮助承接C公司剩余份额

如前述案情中所讲，甲为了帮助C公司提前转让剩余的份额并获取利润，最终找到丙实际控制的D公司承接，这是甲滥用职权行为的动机。甲的这种"私心"是不符合基金管理的正常规范的，也是甲滥用职权的行为表现之一。甲本人供述以及丙的证言可以证明这一情况。

2. 甲违规出具函件保证

本案中，甲未经B公司董事会、经营决策委员会审议，擅自决定向D公司出具保证承诺函，导致D公司基于B公司的保证承诺才承接了C公司剩余基金份额，也就实现了甲的目的，C公司提前退出该基金项目，进而使得同为劣后级有限合伙人的B公司持有的基金份额年化收益减少，损害了B公司的利益。保证承诺函以及B公司相关人员证言可以作证。

因此说，甲滥用职权行为与公共财产损失的结果之间具有因果关系。

五、定性结论

本案中,甲作为国有公司的工作人员,滥用职权,违规操作,给国有公司造成严重的预期利益损失,构成国有公司人员滥用职权罪。

六、认识误区表

错误认识	正确理解
渎职犯罪造成公共财产的损失范围一般为国有单位现有财产的实际损失。	在金融领域渎职犯罪案件中,介入交易规则变化、收益分配方式调整等因素,可能导致国有公司压缩利润空间、让渡应有权益,进而造成国有公司预期收益应得而未得。关键点在于造成损失的原因是市场因素还是渎职行为,渎职行为的违规性、违法性,是否具有徇私舞弊情节等要素。对渎职行为而不是市场因素造成预期收益损失的部分,一般应当计入公共财产损失范围。

七、金融背景知识补充

基金的优先级和劣后级就是指分配收益的顺序,其中优先级先获得较低的固定回报,劣后级在优先级收益分配后再获得剩下的收益。

八、涉案主要法律依据

《中华人民共和国刑法》

第一百六十八条　国有公司、企业的工作人员,由于严重不负责任或者滥用职权,造成国有公司、企业破产或者严重损失,致使国家利益遭受重大损失的,处三年以下有期徒刑或者拘役;致使国家利益遭受特别重大损失的,处三年以上七年以下有期徒刑。

国有事业单位的工作人员有前款行为,致使国家利益遭受重大损失的,依照前款的规定处罚。

国有公司、企业、事业单位的工作人员,徇私舞弊,犯前两款罪的,依照第一款的规定从重处罚。

第二十五例

公款代缴筹资税费
集资乱象国资流失

一、案情简介

2015年7月左右，因L市中小企业融资担保有限公司（以下简称中小保公司）缺乏资金，时任中小保公司董事长甲多次在公司不同会议上提出采用员工内部集资方式解决此问题。

2015年7月29日，中小保公司召开董事长总经理办公会，听取并通过了《关于公司员工内部筹资方案的情况汇报》，要求由公司财务部牵头，以中小保公司为借款主体，个人筹资金额在1万—50万元以内，筹资总额为2400万元，公司按照筹资金额每月1.6%的标准发放资金占用费。

2015年7月31日，第一笔筹资进入中小保公司账户。2015年8月中旬，中小保公司财务人员提出对员工个人利息收入的所得税应由公司进行代扣代缴，经时任该公司董事、经理的乙向甲汇报并多次商议后，甲决定由中小保公司对员工个人利息收入的所得税先行代扣代缴，再由员工找票在中小保公司及职工代持股公司报销代扣代缴金额，以保证员工筹资款获得利息为每月1.6%。

2016年年底，中小保公司财务部根据公司的决定将员工集资借款利息个税发放方式改为在职工代持股公司以临工工资方式发放，并制作会议纪要交甲、乙及时任该公司副总经理的丙等人员签字。2017年4月左右，L市审计局对中小保公司进行审计时，该公司财务部根据甲的指示，制作《2015年8月28日会议纪要》，补充确认采用费用报销方式对员工筹资利息交税，并交甲、乙、丙等人签字。

2015年8月至2017年5月，中小保公司先后以虚假费用报销及虚列临时工工资方式向87名集资个人补偿个人所得税共计116万元。案发后，已追回个人所得税105万元，尚有11万元未追回。

二、办案策略

（一）总体思路

细查内部筹资情况，盯住利息税费缴纳，掌握公司出资代缴，发现财务开支造假，深挖国有利益受损。

（二）具体措施

1. 调取《关于公司员工内部筹资方案的情况汇报》等相关资料，了解中小保公司向公司员工筹资2400万元的情况，掌握出资人名单。

2. 调取借款合同，了解掌握利息约定情况，掌握并未约定税费如何缴纳问题的证据。

3. 找出资人逐一谈话，核实掌握具体出资及收取利息的情况，问清有无缴纳相应税费。

4. 找财务人员谈话，问清中小保公司向出资人支付利息以及通过虚假报销、虚列开支的方式代扣代缴出资人利息所得税的情况。

5. 调取相关财务账簿及会议纪要等资料，掌握虚假报销、虚列开支以及甲、乙、丙签批的证据。

6. 找甲、乙、丙分别谈话，问清决定通过虚假报销、虚列开支的方式代扣代缴出资人利息所得税的目的及具体过程。

三、心理攻防

【对阵表】

当事人	当事人主要心理状态		办案人员主要攻心策略
	案发前	案发后	
甲、乙、丙	1. 内部筹资符合规定且已报备，合法合规。 2. 为了维护员工利益，由公司代扣代缴利息所得税，不会有人有意见。	坚称公司与企业员工签的《借款协议》属于企业开展经营的正常手段，由公司出资交纳利息所得税无可厚非。	1. 抓住借款合同，纠问利息所得税如何缴纳，迫使其交代实情。 2. 纠问公司出资交纳税费的真实目的，揭露其损害国家利益的动机。 3. 根据相关证言，纠问其财务记账问题，迫使其如实交代虚假报销、虚列开支实情。 4. 阐明法律规定，澄清错误认识，揭示其行为危害性，促使其认罪伏法。

【谈话思路演示表】

被谈话人	谈话要点	取证要点
甲、乙、丙	实际支付给内部筹资出资人的利息是多少？	按照双方借款合同约定的每月1.6%的利率支付的利息。
	利息所得税是谁交的？为什么？	是由中小保公司代为缴纳的，为的是保证出资人能够获得约定利息。
	利息所得税应当由谁缴纳？	应当由员工个人缴纳。
	中小保公司代为缴纳的利息所得税是如何走账的？	以虚假报销和虚列开支的名义。
	采用虚假报销和虚列开支的方式代为缴纳利息所得税是谁决定的？	由甲决定，乙参与商议，丙知情，甲、乙、丙三人都有在相关文件上签字同意。

四、定案关键点

1. 中小保公司财务人员证言证明，为取得相应票据入账，财务部门曾向乙提出，对员工个人利息收入的所得税应由公司进行代扣代缴。

2. 乙的本人供述证明，其曾向甲多次汇报利息所得税缴纳问题，经二人商议，甲决定要保证员工筹资款利息，由公司对利息所得税先行代扣代缴，再想办法找票报销。

3.《2015年8月28日会议纪要》及财务人员证言证明，为了应对L市审计局审计，根据甲的指示，于2017年4月补充了该会议纪要，并由甲、乙、丙签字。

4.《关于临工工资发放的会议纪要》及财务人员证言证明，公司决定将员工集资借款利息个税发放方式改为在职工代持股公司以临工工资方式发放，甲、乙、丙签字同意。

5. 中小保公司财务账簿证明，公司先后以虚假费用报销及虚列临时工工资方式向 87 名集资个人补偿个人所得税共计 116 万元。

6. 借款合同证明，中小保公司按照筹资金额每月 1.6% 向出资人发放资金占用费，没有对集资款项利息所得税问题进行约定。

以上各项关键证据相互关联，能够对应证明本案重要案情，可以清晰呈现甲、乙、丙等人滥用职权的具体过程。

五、定性结论

甲、乙、丙分别在担任国有公司董事长、总经理、副总经理期间，未按照税法规定，滥用职权，决定将由利息所得人缴纳的税由国有公司承担，造成国有公司直接经济损失人民币 116 万元，致使国家利益遭受重大损失，三人的行为构成国有公司人员滥用职权罪。

六、认识误区表

错误认识	正确理解
国有公司通过内部集资方式缓解公司资金困境，并向国资委进行了汇报，没有违背或侵犯国资委的相关规章管理制度，属于公司的一种自救方式。由公司负担利息个人所得税的决定也属于公司自主经营权的权属范围之内，不存在越权处理公司事务的行为。	若国有公司在与对方签订的借款合同中没有对集资款项利息所得税问题进行约定，为了保证出资人获得约定利息，行为人滥用职权，通过虚假报销、虚列开支等方式，由国有公司出资缴纳本应由利息所得人缴纳的相应税费，则显然侵犯了国有公司利益，使国家利益遭受损失，行为人应当负刑事责任。

七、涉案主要法律依据

《中华人民共和国刑法》

第一百六十八条 国有公司、企业的工作人员，由于严重不负责任或者滥用职权，造成国有公司、企业破产或者严重损失，致使国家利益遭受重大损失的，处三年以下有期徒刑或者拘役；致使国家利益遭受特别重大损失的，处三年以上七年以下有期徒刑。

国有事业单位的工作人员有前款行为，致使国家利益遭受重大损失的，依照前款的规定处罚。

国有公司、企业、事业单位的工作人员，徇私舞弊，犯前两款罪的，依照第一款的规定从重处罚。

第二十六例

官员参股监管失责
融资担保乱象丛生

一、案情简介

2012年年底,C投资有限公司(以下简称C公司)董事长乙(另案处理)欲成立一家融资担保有限责任公司,乙经人介绍认识了时任中国人民银行Y县支行行长兼金融办常务副主任的甲。经甲引荐,Y县人民政府同意和C公司共同投资组建Z融资担保有限公司(以下简称Z公司),安排甲牵头并协助C公司筹建Z公司。根据Y县人民政府工作安排,甲对C公司向K建设投资有限公司(属Y县国有独资公司,以下简称K公司)投资的1亿元资金需质押在Y县商业银行,以及Z公司成立后注册资本金需与相关银行机构签订资本金托管协议,履行具体日常监督职责。

在筹建期间,考虑到甲是中国人民银行Y县支行的行长兼县金融办常务副主任,是Y县人民政府安排协助筹备组建Z公司的,在Z公司筹备期间很多工作需要甲的支持与配合,同时甲任职部门又是Z公司的监管部门,乙便向甲提出,甲占Z公司8%的干股,分别由刘某(另案处理)和李某(另案处理)替他代持。甲遂同意乙提出的其在 Z 公司持干股的意见。

2013 年 10 月 23 日，乙与 K 公司签订《Z 融资担保有限责任公司组建投资合作协议书》，协议规定：C 公司向 K 公司投资 1 亿元，由 K 公司将此投资资金全额用于 K 公司在 Z 公司股份额中的首期出资，不得挪作他用。在 Z 公司正式挂牌营业一年内，K 公司委托 C 公司拥有 K 公司在 Z 公司股份相应的经营权，K 公司不直接参与 Z 公司的经营管理。为保证 C 公司向 K 公司投资 1 亿元资金的安全，Y 县人民政府提出 C 公司向 K 公司投资的 1 亿元资金须质押在 Y 县境内的银行。

2013 年 12 月 9 日，Z 公司成立，为国有控股有限公司。Y 县人民政府任命 K 公司总经理黄某为 Z 公司法定代表人及董事长，副董事长由乙、李某担任，刘某任副总经理。

在 Z 公司工商注册登记完成后，乙将 1.5 亿元注册资本金全部抽逃。Z 公司成立后，没有与银行机构签订资本金托管协议，也没有开展融资担保业务。甲明知此情况，但未严格按规定监督、督促 Z 公司落实资本金托管工作，没有向金融办以及 Y 县人民政府作书面报告。

另外，在 Z 公司上报公司高管人员名单时，甲未认真审核高管人员的资质和高管人员名单资料的真实性，随意加盖宜宾县金融办的公章，致使 Z 公司报送的不真实的公司高管人员名单得以通过审核。

为了获取非法利益，解决 Z 公司资金周转，乙等人以 Z 公司职工以及专门成立的下属公司 T 投资有限公司（以下简称 T 公司）的名义对外融资借款，以 Z 公司作为担保，共计对外向 250 户人员非法集资借款 6149.5 万元。

甲明知 Z 公司和 T 公司在非法吸收公众存款，不仅不调查核实，履行其监管职责，而且参与、策划两个公司非法吸收公众存款的相关事宜，并为 Z 公司副总经理刘某将 Z 公司和 T 公司非法吸收的资金借贷给他人收取高额利息提供帮助。2014 年 12 月，乙携款潜逃，造成 4592 万元资金无法归还集资户。

二、办案策略

（一）总体思路

结合非吸案件严查失管行为，依据协议规定深挖责任人员，按照法律法规追究刑事责任。

（二）具体措施

1. 全面搜查、扣押 Z 公司资料，包括财务账簿、资金托管协议、与集资户签订的协议及偿还民间集资方案等材料，发现掌握 Z 公司违反监管规定，非法吸收公众存款等行为。

2. 找公司高管乙、李某、刘某等人谈话，了解掌握 Z 公司抽逃出资、材料造假、未按约定将资本金质押、非法吸收公众存款等行为以及甲同意持有公司干股的证据。

3. 找集资户谈话，逐一核实掌握 Z 公司吸收公众存款的具体事实。

4. 找 Y 县金融办、县政府领导谈话，调查了解对 Z 公司、T 公司实施监管情况，掌握甲主管负责但并未及时汇报相关情况的证据。

5. 根据上述证据，找甲谈话，核实掌握甲同意持有 Z 公司干股、未对 Z 公司违反规定、约定的行为有效监管、汇报，且参与、策划非法吸收公众存款并帮助将吸存资金放贷收息的证据。

三、心理攻防

【对阵表】

当事人	当事人主要心理状态		办案人员主要攻心策略
	案发前	案发后	
甲	1. 尽管Z公司未按约定将资本金质押，但也出不了事。 2. Z公司给我干股，公司赚钱越多，我的收益越大。 3. 吸收公众存款即便出了事，也是政府监管部门的事，不是我一个人的责任。	1. 自己并没有以县人行的名义牵头处置Z公司的非吸行为，不属于滥用职权。 2. 集资户的资金无法收回的后果，不是自己一个人的直接原因，没有刑法上的因果关系。	1. 揪住其县人行行长及县金融办副主任的工作职责，纠问其对Z公司监督情况，打击其心理防线。 2. 揪住Z公司伪造托管协议，实际并没有按约定完成资本金质押，纠问其不监督、汇报的原因，打消其侥幸心理。 3. 揪住其持有Z公司干股，纠问其对Z公司、T公司非法吸收公众存款行为的监管情况，进一步打击其心理防线。 4. 根据乙等人证言，纠问其策划、参与非吸及帮助将吸存资金放贷收息的情况，打击其抵赖心理。 5. 释法说理，澄清错误认识，迫使其认识到自己的行为与集资户损失间的因果关系，促使其认罪伏法。

【谈话思路演示表】

被谈话人	谈话要点	取证要点
甲	Z公司有无按协议约定将1亿元资本金质押？	没有质押，托管协议是假的。对此事，我知情。
	你有无将Z公司未完成资本金质押等情况向上汇报？	没有汇报。
	身为金融办副主任，你有无对Z公司、T公司的运营情况进行及时有效监督？	实际上并没有。
	你是什么时候知道Z公司、T公司非法吸收公众存款的？	从一开始就知道，我还参与、策划其中事宜。
	你是否知道非法吸收来的资金使用去向？	其中部分用来借贷给他人收息，我提供了一些帮助。
	乙等人有无给你好处？	乙提出给我Z公司8%的干股，我表示同意。
乙等人	你公司有无完成资本金质押？	实际上没有，做了两份假的托管协议。
	你公司什么时候开始非法吸收公众存款的？	从公司成立后不久。
	对于上述情况，甲是否知情？	知情，甲还参与、策划了非法吸收公众存款的相关事宜。
	你公司还有无其他违法违规行为？	在Z公司工商注册登记完成后，将1.5亿元注册资本金全部抽逃，还提供了不实的高管名单。
	你有无给甲好处？	承诺给甲Z公司8%的干股。

四、定案关键点

本案对甲本人行为的定性调查应当与查办 Z 公司、T 公司非法吸收公众存款案结合起来，重点关注以下定案关键证据。

（一）甲作为中国人民银行 Y 县支行的行长兼县金融办常务副主任具有监督管理 Z 公司、T 公司担保、融资的职责

1. 关于 Y 县政府金融办公室的职责，证实 Y 县政府金融办公室负责融资性担保公司的日常监督管理，包括是否吸收或者变相吸收社会公众存款及非法集资，担保公司是否违规向其子、母公司提供担保等。

2. 中国人民银行 Y 县支行职责及组成人员的文件，证实该支行负责全县金融性担保机构、小额贷款公司非法集资活动的监管处置工作，参与查处可能影响金融稳定的涉嫌非法集资活动。甲是该支行成员之一。

（二）Z 公司在成立、经营过程中存在造假行为

1. Z 公司高管人员的身份材料及实际工作情况资料，证实刘某等 5 人在公司任职，但除刘某外其他人均未到该公司上过班。

2. 两份托管协议，证实 2014 年 1 月 6 日、1 月 20 日分别签订的上述托管协议系伪造的、虚假的。

（三）Z 公司存在非法吸收公众存款行为

1. Z 公司、T 公司财务账簿、与集资户签订的协议及偿还民间集资方案等材料，结合集资户证言，证实 Z 公司担保涉及的集资户数量和集资款数额。

2. Y县政府关于对Z公司贷款清收所做的工作材料，证实：（1）Z公司发放贷款，共签了23份合同，总笔数29笔，贷出金额为5057万元；（2）该公司出问题后，自2014年12月起，县政府组织相关单位人员积极清收贷款及维护社会稳定。

（四）甲未认真履行职责对Z公司、T公司实施监管

1. Y县金融办主任及主管金融副县长等人证言，证实甲没有向其汇报过Z公司验资及C公司投资的1亿元没有质押在Y县内金融监管的情况，也没有汇报过对Z公司从成立开始就非法吸收公众存款的事及金融办开展日常监督的情况和措施。

2. Y县财政局局长证言，证实C公司出1亿元的资金作质押担保是由县金融办来监督，甲没有给其讲过Z公司资本金托管的事，也没有讲过1亿元的质押保证金没有到位的事。

（五）甲不仅未实施监督职责，还有参与Z公司非法吸收公众存款的行为

1. 乙、刘某、李某等人证言，证实Z公司有抽逃出资、材料造假、伪造协议等行为，为下属T公司非法吸收公众存款提供担保，甲帮助非法吸收的资金借贷给他人以及持有公司干股。

2. 甲本人供述，证实甲没有及时有效对Z公司实施监管，对公司没有按协议约定质押资本金等情况知情以及参与非法吸收公众存款的全部事实。

五、定性结论

甲身为中国人民银行Y县支行行长，对Z公司负有监管职责而不履行职责，在Z公司非法持有干股，参与、策划Z公司非法吸收

公众存款，造成 Z 公司 4592 万元无法归还集资户，构成滥用职权罪。

六、认识误区表

错误认识	正确理解
负责牵头处置非法集资行为的主体应该是人民政府，行为人作为县人民银行行长，并未以县人行的名义牵头处置非法集资行为，不属于滥用职权。且集资户的资金无法归还的后果是由多种原因造成的，并非滥用职权行为的直接结果，两者之间不具有刑法上的因果关系。	国务院颁发的《非法金融机构和非法金融业务活动取缔办法》（已失效）与现行有效的《防范和处置非法集资条例》均有相关规定明确，人民银行作为金融管理部门，具有防范和处置非法集资工作职责。行为人作为县人民银行行长，不履行其法定职责，加之参与策划非法吸收公众存款，并对存款对外出借提供帮助行为，应当认定属于滥用职权。尽管该滥用职权行为只是造成不能归还集资户存款的因素之一，也应当认定该滥用职权行为与不能归还集资户资金具有刑法上的因果关系。

七、金融背景知识补充

资本金托管是指企业将注册资本金存入指定银行，并由银行进行监管，以确保资金的安全和合规使用。

金融机构的合规性是指金融机构在经营过程中遵守相关法律法规、监管规定和内部规章制度，确保业务活动的合法性和规范性。

八、涉案主要法律依据

《中华人民共和国刑法》

第三百九十七条第一款　国家机关工作人员滥用职权或者玩忽

职守，致使公共财产、国家和人民利益遭受重大损失的，处三年以下有期徒刑或者拘役；情节特别严重的，处三年以上七年以下有期徒刑。本法另有规定的，依照规定。

第二十七例

经营同业运作融资
假借咨询非法敛财

一、案情简介

甲系农业银行J省分行员工，2011年10月24日被聘任为投资银行部总经理，经J省农行党委组织部研究提任正处级。2011年12月，甲被派至农业银行全资附属机构N控股有限公司（以下简称N公司）任总经理（正处级），N公司的股东为W市资本管理有限公司（国有独资有限公司，持股30%，以下简称W公司）。2011年12月22日，甲赴W公司任总经理。

甲在担任W公司总经理期间，利用本公司与S控股集团有限公司（以下简称S集团）接洽并提供融资服务的便利，得知S集团有10亿元融资需求，遂安排工作人员乙以S集团需融资5亿元项目立项上报北京总部。在北京总部作出暂缓决议后，甲个人决定私下运作S集团融资项目。甲联系了农业银行Q市分行，并由该分行作为资金托管银行，D银行作为出资行，G信托公司作为信托通道。

2012年7月19日，S集团与G信托公司达成借款10亿元的借款合同；相关各方也分别达成资金信托合同。甲通过其朋友控制的

Z担保有限责任公司与S集团签订财务顾问协议。2012年7月和9月，S集团依照约定分别将5000万元和3500万元财务顾问费汇至Z担保有限公司。上述款项有580万元通过H投资建设发展有限公司于2012年7月27日直接汇至甲账户，剩余款项中的7220万元间接通过吴某账户交付给甲（Z担保有限公司扣除税款700万元），甲非法获取顾问费7800万元。

二、办案策略

（一）总体思路

抓住大额进账，查明钱款性质，调查融资过程，弄清项目背景，准确行为定性。

（二）具体措施

1. 调取甲本人银行流水，查清大额资金进账情况，掌握7800万元顾问费的问题线索。

2. 依据银行流水交易对手，查明S集团先后支付5000万元和3500万元财务顾问费的情况。

3. 找S集团相关财务人员谈话，了解掌握7800万元系S集团融资10亿元产生的财务顾问费。

4. 找S集团参与10亿元融资项目的工作人员谈话，问清此项业务发起原因及具体操作过程，掌握甲在其中发挥的作用。

5. 找10亿元融资项目的相关各方负责人谈话，掌握甲利用职务便利对接实施各项工作的证据。

6. 找甲谈话，问清其利用职务便利对接启动、实施完成S集团10亿元融资项目的具体过程。

三、心理攻防

【对阵表】

当事人	当事人主要心理状态		办案人员主要攻心策略
	案发前	案发后	
甲	1. 既然北京总部没有批准S集团的融资项目，我有资源和便利条件，可以帮助融资，从中获利。 2. 融资成功后获得一些费用，是行业内通行的做法，无可厚非。	1. 坚称W公司没有财务顾问这类的业务，自己开展融资服务，并不违法。 2. 坚称北京总部已经决定不开展为S集团融资10亿元的项目了。	1. 抓住北京总部关于S集团融资项目风险内审会决议，打击其心理防线。 2. 纠问其联系对接S集团及组织各方参与融资项目的具体过程，揭露其利用职务便利，打击其抵赖心理。 3. 揪住W公司实际开展财务顾问业务，拆穿其谎言，彻底打消其辩解空间。 4. 释法说理，讲清非法经营同类营业行为的认定要点，促使其认罪伏法。

【谈话思路演示表】

被谈话人	谈话要点	取证要点
甲	S集团10亿元融资项目是由谁来完成的？	是我主导完成的。
	你为什么给S集团融资？	我知道S集团有融资需求，向北京总部报告未获批准，就想着我自己也能联系各方完成。
	你具体是如何操作完成融资业务的？	（找各参与方联系对接的具体操作过程）
	S集团及各参与方为什么会同意按照你的方案完成融资项目？	因为我之前在农行、N公司工作过，现在负责W公司业务，在融资过程中对外都是以W公司名义实施的，所以参与各方都相信我。

续表

被谈话人	谈话要点	取证要点
	S集团有无财务顾问的业务？	有，之前也做过一些，包括给S集团融资。
	你从中获利多少？	获取顾问费7800万元。

四、定案关键点

（一）甲利用本人职务便利为S集团融资

1. S集团资金管理中心副总监证言证明，甲以W公司名义帮S集团融资，北京总部没有明确告知到底是北京总部能做还是W公司甲的团队能做，其就一直与北京总部及甲的W公司业务团队保持联系，每个月还向他们寄送有关财务变动的更新资料。

2. S集团资金管理中心总监证言证明，考虑到和甲接触时间比较长，而且之前甲在农行工作期间有过合作，他在W公司任职，所以才相信甲有能力完成10亿元融资。甲没有谈到10亿元由他个人融资，如果是他以个人名义帮忙融资，S集团肯定不让他做；当时其主要认为甲是N公司下属公司负责人才与他合作。

3. 参与融资的各方工作人员证言均证明，资金托管银行、出资行、信托通道等单位，都是甲利用其在W公司任总经理的身份和职务便利联系对接的。

4. 北京总部风险合规部工作人员及相关负责人证言证明，2012年6月15日，北京总部召开关于S集团融资项目风险内审会，对W公司上报的S集团5亿元融资项目，风险合规部经商定在最后决议上作出暂缓决议。"暂缓决议"并不是不同意项目继续做，如果不同意某个项目会直接说明不同意；风险合规部认为风险较大时会作出暂缓决议的决定，并提出建议让业务团队继续完善资料，业务团队完全可以继续开展项目工作再提交审核。

（二）为 S 集团融资系 W 公司的同类营业

1. W 公司工商登记的经营范围为"投资管理；企业管理咨询；利用自有资金对外投资"，其中未明确包括财务顾问、融资咨询、服务等业务。W 公司内部管理制度第五章业务板块规定的可开展业务的范围包括财务。相关证言证实"企业管理咨询"包括为资金方和资金提供方提供服务，收取中介费，撮合资金供方和需方达成协议。开展财务顾问、融资咨询、服务等业务并未超出"企业管理咨询"范围。

2. 2012 年 7 月经甲审核的 W 公司《上半年工作总结及下半年发展规划的报告》、2012 年 10 月《近期工作总结及下阶段发展规划的报告》中均明确开展"财务顾问"业务并将已经立项论证的为 S 集团等提供财务顾问服务业务作为重点项目推进。

3. 甲本人供述及 W 公司融资业务部门相关人员证言证明，W 公司可以开展财务顾问业务，之前也已经开展了为 S 集团提供 3 亿元财务顾问融资咨询服务。

五、定性结论

甲身为国有公司的总经理，利用职务便利，自己经营与其所任职的 W 公司同类的营业，获取非法利益，数额特别巨大，其行为已构成非法经营同类营业罪。

六、认识误区表

错误认识	正确理解
公司工商登记的经营范围为"投资管理；企业管理咨询；利用自有资金对外投资"，其中未明确包括财务顾问、融资咨询、服务等业务。该公司高管利用职务便利，为他人（单位）提供财务顾问服务，赚取服务费的，不能认定为非法经营同类营业罪。	应当坚持实质审查的标准，不能只看工商登记等文件资料，还可以通过证人证言、相关书证等证据，审查在公司经营中是否确实存在财务顾问等实质上属于企业管理咨询范围内的业务。若存在，则应判定公司高管的行为与该公司的经营业务属于同类营业，行为人构成非法经营同类营业罪。

七、金融背景知识补充

通道业务，是指商业银行或银行集团内各附属机构作为委托人，以理财、委托贷款等代理资金或者利用自有资金，借助证券公司、信托公司、保险公司等银行集团内部或者外部第三方受托人等通道，设立一层或多层资产管理计划、信托产品等投资产品，从而为委托人的目标客户进行融资或对其他资产进行投资的交易安排。

八、涉案主要法律依据

《中华人民共和国刑法》

第一百六十五条 国有公司、企业的董事、监事、高级管理人员，利用职务便利，自己经营或者为他人经营与其所任职公司、企业同类的营业，获取非法利益，数额巨大的，处三年以下有期徒刑或者拘役，并处或者单处罚金；数额特别巨大的，处三年以上七年以下有期徒刑，并处罚金。

其他公司、企业的董事、监事、高级管理人员违反法律、行政法规规定，实施前款行为，致使公司、企业利益遭受重大损失的，依照前款的规定处罚。

第二十八例

期货受托背信交易
客户资金巨额亏空

一、案情简介

D营业部系X期货有限公司的下属分支机构。甲于2009年8月至2014年7月在D营业部担任总经理,负责营业部全面工作。乙于2013年8月至2014年7月在D营业部担任客户经理,负责开发及维护客户。

2013年,乙认识了高某及其妻子孙某,介绍D营业部有保本理财产品,收益高于银行利息。高某要求保证资金安全并且随取随用,乙请示甲后向被害人高某口头承诺投资期货在保本保息基础上达到7%的年收益率。

2013年10月22日,高某与X期货有限公司签订了《期货经纪合同》及相关附属文件,按照D营业部工作人员的指引开立了期货保证金账户,并于次日向账户内转款人民币1670万元,乙向高某索要了期货账户的交易密码。

甲、乙未能为高某找到第三方投资顾问,在未通知高某也未取得其同意的情况下,二人商议后决定自行使用高某的期货账户交易密码进行交易。2013年10月31日至2014年1月20日，甲、乙擅自运用高某期货账户进行交易，造成高某期货保证金账户亏损人民币1043万元，共计产生交易手续费153万元，其中为X期货有限公司D营业部赚取手续费82万元，上交给期货交易所73万元。

二、办案策略

（一）总体思路

查清期货账户损失，查清操作账户人员，查清有无征得同意，依法判定共犯行为。

（二）具体措施

1. 调取案涉期货账户交易资料，掌握账户开立、期货交易及损失情况。

2. 找高某谈话，掌握乙承诺高息回报，将期货账户交易密码交由乙的证据。

3. 找乙谈话，核实掌握其向甲请示后向高某作出获利保证并取得高某期货账户交易密码的情况。

4. 找甲谈话，问清与乙共谋及共同擅自运用高某期货账户进行交易的情况。

5. 调取甲银行账户、《期货经纪合同》及相关附属文件等资料，补充完善证据。

三、心理攻防

【对阵表】

当事人	当事人主要心理状态		办案人员主要攻心策略
	案发前	案发后	
甲、乙	有高某期货账户密码，利用该账户赚些钱，也能够保证高某的收益率。	1. 坚称并未擅自动用高某期货账户交易，事先已征得高某同意。 2. 虽然炒期货赔了很多钱，给高某造成了很大损失，但不构成犯罪，将高某的损失偿还即可。	1. 揪住乙谎称有保本理财产品，误导高某开立期货账户并转入高额交易保证金的违规行为，打击其心理防线。 2. 揪住其已掌握高某期货账户交易密码，结合该账户交易情况，进一步打击其心理防线。 3. 根据期货交易资料，结合高某证言，揭露其未征得高某同意操作期货账户，彻底击垮其心理防线。 4. 阐明法律规定，澄清错误认识，揭示行为的违法性及应受刑罚处罚性，促使其认罪伏法。

【谈话思路演示表】

被谈话人	谈话要点	取证要点
甲、乙	如何使得高某开立账户？	向高某介绍D营业部有收益高于银行利息的保本理财产品。
	有没有向高某承诺高收益？	乙请示甲后，向高某口头承诺投资期货在保本保息基础上可以达到年收益率7%。
	高某期货账户密码由谁掌握？	高某将账户密码交给了乙，而后由甲、乙共同掌握。

续表

被谈话人	谈话要点	取证要点
	高某期货账户的交易是由谁操作的？	由甲、乙共同商量决定操作的。
	期货交易有无征得高某同意？	没有，是我们擅自操作的。

四、定案关键点

1. 被害人高某与 X 期货有限公司签订的《期货经纪合同》，证实 D 期货有限公司已具有"受托义务"。

2. 高某的证言，证实甲、乙承诺投资期货在保本保息基础上达到 7% 的年收益率，其已将期货账户密码交给甲、乙掌控，该账户于 2013 年 10 月 31 日至 2014 年 1 月 20 日的交易非其本人操作。

3. 甲、乙的供述，证实他们利用掌握的高某期货账户交易密码自行操作高某的期货账户进行交易，并未事先告知高某，也没有征得高某同意。

4. 高某的银行账户交易流水，证实其于 10 月 22 日向期货保证金账户内转款人民币 1670 万元以及后续期货交易亏损人民币 1043 万元。

5. 期货交易软件及账户交易记录，证实甲、乙擅自操作高某期货账户的具体交易情况及产生的手续费。

五、定性结论

X 期货有限公司 D 营业部违背受托义务，擅自运用客户资金，情节特别严重，其行为侵犯了国家的金融管理秩序和客户的合法权益，构成背信运用受托财产罪。甲作为该营业部直接负责的主管人员，乙作为该营业部其他责任人员，其行为均已构成背信运用受托财产罪。

六、认识误区表

错误认识	正确理解
仅基于《期货经纪合同》与客户建立期货经纪关系，不符合《刑法》规定的"背信运用受托财产罪"中的"受托义务"。 期货经纪公司工作人员擅自利用客户资金交易期货，未经过集体讨论决定，正常收取的手续费也并非违法所得，故不能认定为犯罪。	客户与期货经纪公司签订《期货经纪合同》后，即与期货公司形成委托管理期货账户资金的法律关系。 期货公司应当遵循诚实信用原则，执行客户的委托，维护客户的合法权益，不得向客户做获利保证，亦不得未经客户委托或者不按照客户委托内容，擅自进行期货交易，否则构成单位犯罪，相关人员均应承担相应的刑事法律责任，期货公司收取的手续费应当认定为违法所得。

七、金融背景知识补充

期货交易是一种标准化的合约交易，是买卖双方约定在未来某一特定日期以约定价格买入或卖出某一特定标的物（如股票、债券、商品等）的交易方式。

投资者在进行期货交易时，需要按照期货合约价值的一定比例缴纳保证金，这些保证金存放在期货保证金账户中，用于保证投资者履行合约义务。

八、涉案主要法律依据

《中华人民共和国刑法》

第一百八十五条之一第一款 商业银行、证券交易所、期货交易所、证券公司、期货经纪公司、保险公司或者其他金融机构，违背受托义务，擅自运用客户资金或者其他委托、信托的财产，情节严重的，对单位判处罚金，并对其直接负责的主管人员和其他直接责任人员，处三年以下有期徒刑或者拘役，并处三万元以上三十万元以下罚金；情节特别严重的，处三年以上十年以下有期徒刑，并处五万元以上五十万元以下罚金。

第二十九例

基金经理暗箱操作
内幕交易巨额获利

一、案情简介

2005年8月至2009年5月，甲担任A基金公司投资决策委员会主席、投资总监，2007年8月起兼任该公司L型基金经理。甲在基金公司所任职务使其在投资交易系统拥有投资决策、风险控制、组合管理、信息查询、系统管理五大类权限，包括查看股票池信息，查看、查询所有基金的指令，查看所有基金的持仓分析、交易报表、成交汇总、持仓变动报表等，并对L型基金进行股票投资拥有决定权。

2009年3月3日、4月2日，甲主持召开A基金公司投资决策委员会。会议决议表明，投资决策委员会批准A基金公司旗下L型基金、C型基金可持仓G银行股票超过基金净值比例的5%；会议中甲还建议除G银行外，还可以持有J银行股票。

2009年4月1日至7日，甲不断登录A基金公司交易系统查看相关信息。

2009年4月7日，在A基金公司旗下L型基金、C型基金进行

G 银行和 J 银行股票买卖的信息披露前，甲指令 B 证券公司总经理乙，在甲实际控制的他人证券账户内，先于或者同期于 A 基金公司买入 G 银行、J 银行股票，累计成交额 52263797.34 元，并于同年 6 月将上述股票全部卖出，股票交易累计获利 8992399.86 元，同时分得股票红利 1723342.50 元。

案发后，甲否认犯罪，操盘手乙亦拒绝提供真实证言，否认其与甲存在关系。

二、办案策略

（一）总体思路

掌握职责权限，了解会议情况，检查登录信息，发现关联账户，查清获利交易，还原犯罪事实。

（二）具体措施

1. 调取甲在公司任职情况，证实甲具备掌握不公开信息的能力和条件。

2. 调取 A 基金公司投资决策委员会会议记录，证实 A 基金公司已批准 L 型基金、C 型基金可持有 G 银行和 J 银行股票。

3. 调取 A 基金公司交易系统，掌握甲多次查看相关涉密信息的情况。

4. 调取甲个人及其亲属名下的证券交易账户信息，发现该些账户先于或者同期于 A 基金公司大量买入 G 银行、J 银行股票及短期全部卖出的情况。

5. 找乙谈话，核实掌握其接受甲的指令、操作买卖相关股票的情况。

6. 根据上述证据找甲谈话，迫使其承认利用未公开信息，指令乙操作买卖股票获利的具体情况。

三、心理攻防

【对阵表】

当事人	当事人主要心理状态		办案人员主要攻心策略
	案发前	案发后	
甲	交易账户不是我本人账户，查不到我。	1. 坚称自己与乙无关，并未指令乙操作交易证券账户。 2. 即便认定我本人实际操控买卖股票，也不属于"先买先卖"，不构成犯罪。	1. 揪住甲自身职权，结合会议情况，揭露其掌握A基金公司批准持有G银行和J银行股票的实际，触其心理防线，产生思想压力。 2. 揪住买卖股票的证券账户均为甲本人及近亲属账户，不断加大心理压力。 3. 揪住乙操盘买卖股票与A基金公司旗下基金购买G银行和J银行股票同步，加大谈话力度，打击其心理防线。 4. 利用"信息不对称"优势，纠问甲、乙之间的特殊关系，迫使其如实交代指示乙操作买卖股票的实情。 5. 阐明利用未公开信息交易罪的法律规定，澄清法律模糊认识，打消其抵赖心理。
乙	甲是A公司投资总监，我是B公司总经理，违规操作不会被发现。	坚称自己操作买卖股票并非按照甲的指令。	

【谈话思路演示表】

被谈话人	谈话要点	取证要点
甲	你在公司任何职务？有何职权？	任公司投资决策委员会主席、投资总监，兼任 L 型基金经理，拥有投资决策、信息查询等五大权限。
	2009 年 4 月 1 日至 7 日，你为什么不断登录 A 基金公司交易系统查看相关信息？	掌握相关信息，在公司信息披露前，为了用自己实控的账户买入 G 银行、J 银行股票。
	为什么要买入 G 银行、J 银行股票？	我知道 A 基金公司将要进行 G 银行和 J 银行股票买卖，借这个机会我可以赚些钱。
	你具体是怎么操作的？	我用自己实控的账户先于或者同期于 A 基金公司买入 G 银行、J 银行股票。
	你实控的账户有哪几个？都是谁名下的？由谁来操盘？	这几个账户是我本人和我的近亲属的，我让乙来操盘买入卖出。
	股票什么时候卖出的？赚了多少钱？	2009 年 6 月将上述股票全部卖出，股票交易累计获利近 900 万元，同时分得股票红利 172 万元。
乙	为什么要买入 G 银行、J 银行股票？	按照甲的指令，我知道甲是想要赚钱。
	买卖股票的账户是谁的？	是甲本人和其近亲属的。
	你们是如何商议此事的？	（共谋的过程）
	你从中有无获利？	（有或者无）

四、定案关键点

利用未公开信息交易罪的行为方式是特定人员利用内幕信息以外的其他非公开信息从事相关证券、期货交易活动。具体到本案，因为没有甲或者操盘手乙的供述或证言,所以应当综合全案相关的客观证据来认定,具体包括以下三个方面。

1. 2009年3月3日、4月2日A基金公司投资决策委员会的会议决议及其他参会人员的证人证言,证明甲因其职务便利而事先掌握A基金公司旗下基金购买G银行、J银行股票的未公开信息。

2. 案涉证券账户的资金转入转出记录,证明案涉证券账户资金均来源于甲及其近亲属,甲系该账户实际控制人。

3. 案涉证券账户的交易记录,证明案涉证券账户在A基金公司旗下基金购买G银行和J银行股票期间,同步满仓购买相同股票。

综上所述,甲因职务便利获取了内幕信息以外的其他未公开的信息,然后利用未公开信息指令乙实施与该信息相关的证券期货交易活动,且获利数额巨大、情节严重,故应依法认定为利用未公开信息交易罪。

五、定性结论

甲作为基金管理公司的从业人员,利用因职务便利获取的未公开信息,违反规定,通过指令操盘手乙,用其实际控制的证券账户从事与该信息相关的证券交易活动,情节严重,其行为构成利用未公开信息交易罪。

六、认识误区表

错误认识	正确理解
案涉证券账户中的G银行和J银行股票是先于或者同期于A基金公司买入G银行、J银行股票期间买入的;关于卖	依照《刑法》规定,构成利用未公开信息交易罪并不以"先买先卖"同时具备为条件。只要行为人利用因职务

续表

错误认识	正确理解
出时间，案涉证券账户中的G银行和J银行股票部分是晚于或者同期于A基金公司买入G银行、J银行股票期间卖出的。故案涉账户对G银行、J银行股票的交易，不符合"先买先卖"的特征，甲的行为不构成利用未公开信息交易罪。	便利获取的未公开信息，违反规定从事与该信息相关的证券、期货交易活动，达到"情节严重"的程度，就构成利用未公开信息交易罪。
案涉的G银行、J银行都是超级大盘股，A基金公司旗下基金对其股票的买入不可能使G银行、J银行的股价上涨，故认定甲利用未公开信息指令乙购买上述股票，不符合情理。	从利用未公开信息交易罪侵犯的客体来看，当基金公司从业人员擅自利用未公开的信息进行股票交易时，他们不仅直接侵害了所任职基金公司的经济利益，更在深层次上侵蚀了证券市场的公平、公正与透明原则。《刑法》设立"利用未公开信息交易罪"旨在严厉打击此类行为，基金公司买入行为对案涉股票价格的影响及行为人是否实际获利，均非决定犯罪是否构成的要素。

七、金融背景知识补充

股票买卖的一般流程包括：（1）开立证券账户；（2）资金存入；（3）股票买卖；（4）监控持仓与交易；（5）结算与提现。

操盘手就是为别人资产操作的人。操盘手主要是为大户（投资机构）服务的，他们往往是交易员出身，对盘面把握得很好，能够根据客户的要求掌握开仓平仓的时机，熟练把握建立和抛出筹码的技巧，利用资金优势在一定程度上控制盘面的发展，他们能发现盘面上每个细微的变化，从而减少风险的发生。

"先买先卖"是典型"老鼠仓"的特征。一些基金公司、证券、期货、保险公司等资产管理机构的从业人员，主要是机构经理、操盘手，在用客户资金买入证券或者其衍生品、期货或者期权合约等金融产品前，以自己名义，或假借他人名义，或者告知其亲属、朋友、关系户，先行低价买入证券、期货等金融产品，然后用客户资金拉升到高位后自己率先卖出获利，使个人以相对较低的成本牟取暴利。由于这些人户大多隐秘，偷食股票期货上涨牟利，因而被形象地称为"老鼠仓"。"老鼠仓"只是一个约定俗称，各国对"老鼠仓"的界定并不是完全统一的。在我国，典型的"老鼠仓"是利用未公开信息交易犯罪的一种形式，但利用未公开信息交易罪的外延要大于典型"老鼠仓"的范围。

八、涉案主要法律依据

《中华人民共和国刑法》

第一百八十条第四款　证券交易所、期货交易所、证券公司、期货经纪公司、基金管理公司、商业银行、保险公司等金融机构的从业人员以及有关监管部门或者行业协会的工作人员，利用因职务便利获取的内幕信息以外的其他未公开的信息，违反规定，从事与该信息相关的证券、期货交易活动，或者明示、暗示他人从事相关交易活动，情节严重的，依照第一款的规定处罚。

第三十例

保险资金违规拆借
账目混乱内控崩塌

一、案情简介

Z人寿公司是2010年3月注册成立的民营保险公司。M有限公司（以下简称M公司）是Z人寿公司的发起人和股东之一（持股比例为20%）。同时，M公司是上市公司A高新技术股份有限公司（以下简称A公司）的全资子公司。

甲系Z人寿公司的法定代表人兼董事长，负责Z人寿公司的全面工作，也是M公司的第二大股东、实控人。乙时任Z人寿公司董事、副总经理兼财务负责人，职责为"负责财务管理、负责或者参与风险管理和偿付能力管理、参与战略规划等重大经营管理活动"等。丙于2012年5月至2014年3月先后担任Z人寿公司风控信评部副部长、部长，负责投资业务的风控合规管理工作，同时系该公司固定收益部负责人。

2011年12月16日，Z人寿公司与R通信科技有限公司（以下简称R公司）签订《灾备系统一体化建设合同》，约定由R公司为Z人寿公司设计项目方案、代为建设机房、代购服务器、开发项目所需软件产品、提供技术支持和合同约定的其他服务。2012年5月20日，Z人寿公司又与R公司签订《投资顾问协议》，约定由R公司为Z人寿公司寻找与投资方向相关的项目，对Z人寿公司项目进行初步论证、整理包装、与投资方进行前期沟通与交流等，同时约定如果需要项目的谈判保证金，Z人寿公司应给予相应的短期资金周转支持，R公司支付相应的利息。

2011年12月至2013年11月，经甲决定、乙审核，Z人寿公司以购买灾备系统、支付投资预付款等名目，先后将13笔该公司资本金账户、保险产品资金专用账户内的资金转至R公司，累计金额为5.24亿元。R公司收到Z人寿公司上述资金后，在收款当日或次日，即将全部款项通过B实业有限公司（以下简称B公司）账户分别转入A公司实际管理、控制的F投资顾问有限公司（以下简称F公司）等账户。涉案资金的最终使用方为A公司，用于该公司"续贷""倒贷"等资金周转。2013年2月至2013年11月，Z人寿公司先后通过B公司回收款项9笔，部分款项记载有利息收入，累计回收金额5.27亿余元。Z人寿公司转出的13笔资金，其中10笔共计4.95亿元从转出至收回的时间为4天至1个月，3笔共计2900万元从转出至收回的时间为8个月至1年2个月。

在此期间，丙作为Z人寿公司风控信评部负责人，在没有确认存在投资项目的情况下，经乙授意，于2011年12月至2013年8月，以购买灾备系统、支付投资预付款等名目多次发起付款申请，涉及资金共计2.54亿元。

二、办案策略

（一）总体思路

查资金进出，查中间环节，查合同虚实，查共犯行为。

（二）具体措施

1. 调取Z人寿公司财务账簿及银行流水，核实掌握资金进出情况，发现通过中间环节交易账户，资金最终流入A公司账户的问题线索。

2. 找A公司负责人及财务人员谈话，掌握A公司缺少资金找甲帮忙解决的证据。

3. 找R公司、B公司、F公司等中间环节企业负责人谈话，掌握他们利用自身账户将Z人寿公司资金转入A公司的证据。

4. 调取《灾备系统一体化建设合同》及《投资顾问协议》，调查核实有无开展实际业务，履行合同的行为。

5. 找乙、丙及Z人寿公司财务工作人员谈话，询问资金往来原因及与R公司签订合同的履行情况。

6. 根据上述已取得的Z人寿公司资金进出及并无实际投资项目的证据，找甲谈话，问清其主导及乙、丙参与，非法运用资金的具体过程。

三、心理攻防

【对阵表】

当事人	当事人主要心理状态		办案人员 主要攻心策略
	案发前	案发后	
甲	签订有投资项目的相关合同、协议，非常安全。	1. 乙、丙深度参与，不会说出真相。 2. 坚称资金用于投资项目。	1. 揭露其作为M公司实控人，与A公司及其下属公司的密切关系，打击其心理防线。 2. 揪住投资项目，纠问签订的合同真伪，打击其侥幸心理。 3. 根据已调取证据，揭示资金运用的全过程，打击其抵赖心理。 4. 利用信息不对称优势，纠问与乙、丙共谋情况，瓦解攻守同盟。
乙、丙	配合甲完成资金流转，出了问题由甲负责。	1. 坚称自己对案涉资金来源、去向并不知情。 2. 坚称自己只是按照自身职责并根据甲的指令完成相关工作。	1. 结合其各自岗位职责和经办事项，加大谈话力度，纠问资金流转过程，打击其心理防线。 2. 纠问投资项目有无，揭露合同签订的虚假，打击其抵赖心理。 3. 利用信息不对称优势，揭示与甲共谋行为，打破攻守同盟。

【谈话思路演示表】

被谈话人	谈话要点	取证要点
甲	你任何职务？与A公司是什么关系？	我既是Z人寿公司的董事长，也是A公司的股东M公司的实控人。
	案涉资金给谁用了？	通过R公司、B公司等，最终流向A公司。
	为什么要给A公司用？	因为A公司缺钱时会找股东解决，所以找到我帮忙。
	是如何操作将案涉资金交给A公司使用的？	先是与R公司签订了投资项目协议，而后由乙、丙配合，以支付设备款、预付款的名目，通过中间环节转给A公司。
	与R公司签订的合同有无真实履行？	没有，只是掩人耳目。
乙、丙	为什么要将案涉资金交给A公司使用？	甲决定的，甲与A公司关系密切，为了解决A公司的用钱需求。
	具体是如何操作的？	乙负责审核，丙负责发起付款申请，以支付设备款、预付款的名目，通过中间环节转给A公司。
	投资项目是虚是实？	是假的，只是签了个合同。

四、定案关键点

1. 对照Z人寿公司与R公司签订的《灾备系统一体化建设合同》和《投资顾问协议》，核实该两项合同履行情况发现，R公司既未依照合同约定向Z人寿公司提供系统设备，也没有为Z人寿公司寻找投资项目，双方签订的合同并未实际履行。

2. R公司及Z人寿公司的账户流水证实，R公司在收到Z人寿公司转款后，当日或次日即将全部款项通过 B 公司转往 A 公司实际控制的相关公司，涉案资金未用于合同约定的用途。

3. Z 人寿公司的财务凭证显示，涉案资金的回收共计比支出多出 300 余万元，Z 人寿公司在记账凭证中记载为"利息收入"，但并非每一笔款项都有对应的利息收入，反映出其资金运用具有关联企业之间资金拆借的特征；且涉案大部分资金从出借到收回的时间在 4 天至 1 个月之间，亦符合资金拆借的运用特征。

4. A 公司财务负责人的证言以及甲、乙本人供述证实，A 公司需要资金时，时任董事长一般找甲想办法解决，甲会安排乙与 A 公司联系解决资金问题；甲、乙亦供认转出资金最终由 A 公司实际使用。

上述证据能够相互印证涉案资金的运用属资金拆借的事实。

五、定性结论

Z 人寿公司违反国家规定运用资金，情节严重，甲、乙作为直接负责的主管人员，丙作为其他直接责任人员，其行为均已构成违法运用资金罪。

六、认识误区表

错误认识	正确理解
签订有合同、协议的企业间资金往来，合法有效，属于正常的民事行为，并不违法。	不能仅看表面形式，还要进行实质性分析，重点审查合同的实际履行情况及涉案资金的流向，资金运用的过程是否符合资金拆借的特征。 保险公司运用资金只能限于《保险法》规定的领域及国务院规定的其他资金运用形式，不得超出《保险法》及国务院相关文件规定的保险资金运用范围。

七、金融背景知识补充

保险资金指保险公司通过收取保险费、投资收益等渠道积累的资金，这些资金需要按照相关法律法规进行运用，以确保保险公司的偿付能力和稳健经营。

资金拆借指企业之间或金融机构之间，为了调剂资金余缺而发生的短期借贷行为。在本案中，Z人寿公司通过虚假合同将资金转给A公司，实际上构成了资金拆借行为，但这超出了保险资金合法运用的范围。

偿付能力指保险公司履行赔偿或给付责任的能力。保险公司必须维持足够的偿付能力，以应对可能发生的赔付需求。

风控合规管理指企业为了防范和控制风险，确保业务活动符合法律法规和内部规章制度的要求，而进行的一系列管理活动。在本案中，Z人寿公司的风控信评部未能有效履行风控合规职责，导致了违法动用资金的行为。

财务账簿及银行流水是记录企业经济活动的重要凭证。核查这些资料可以了解企业的资金进出情况，是金融监管和案件调查的重要手段。

八、涉案主要法律依据

《中华人民共和国刑法》

第一百八十五条之一第二款　社会保障基金管理机构、住房公积金管理机构等公众资金管理机构，以及保险公司、保险资产管理公司、证券投资基金管理公司，违反国家规定运用资金的，对其直接负责的主管人员和其他直接责任人员，依照前款的规定处罚。

第三十一例

违法放贷自批自贷
三罪竞合自酿苦果

一、案情简介

2011年12月31日至2012年12月31日,甲被A农村合作银行聘任为其B支行的临时负责人,主要负责全额审批自然人贷款等工作。

在任职期间,甲与乙、丙、丁等人共同开设C娱乐城有限公司,经营KTV生意。为获取KTV装修等资金,甲等人经预谋让乙、丙、丁等人以各自名义向A农村合作银行B支行申请贷款,再将贷款交由甲用于上述KTV经营。甲利用担任支行行长的职务便利,采用指使银行信贷人员不审查直接办理贷款业务或自己签字审批通过的方式,向上述人员违法发放贷款共计人民币4930000元,并将贷款用于上述KTV经营。

甲套取银行的贷款后,起初按期归还利息,但后由于经营不善、不能产生预期收益等而不能归还贷款款项。截至案发时,造成银行损失人民币4667764.22元,至案发仍有人民币4563878.22元未归还。

二、办案策略

（一）总体思路

查还贷缺口，查申贷人员，查批贷过程，查共谋情况。

（二）具体措施

1. 调查 B 支行贷款归还情况，掌握案涉款项未归还的问题线索。

2. 抓住问题贷款，查明申请贷款的人员乙、丙、丁等人身份以及与甲的关系，掌握他们共同经营 KTV 的情况。

3. 调取乙、丙、丁等人相关银行流水，掌握案涉贷款款项均交于甲的证据。

4. 调取甲的银行流水，掌握乙、丙、丁等人将贷款交由甲的证据，查明钱款用途。

5. 调取案涉贷款审批过程文件，掌握甲签字审批的证据。

6. 找银行信贷人员谈话，掌握受甲指使不审查直接办理贷款业务的证据。

7. 综合上述各项证据，找甲谈话，还原甲"自批自贷"的具体过程以及使用贷款与乙、丙、丁等人共同经营 KTV 的情况。

三、心理攻防

【对阵表】

当事人	当事人主要心理状态		办案人员 主要攻心策略
	案发前	案发后	
甲	使用乙、丙、丁等人的身份贷款，不会被人发现与己有关。	1. 坚称自己未指示银行信贷人员不审查直接办理贷款业务。 2. 法律没有明确"关系人"可以包括"自己"，我是贷款给自己使用，所以不构成违法发放贷款罪。	1. 根据已掌握信贷人员的证人证言及案涉贷款审批资料，纠问贷款审批真实过程，打击其侥幸心理。 2. 抓住甲与乙、丙、丁等人的关系以及与他们共同经营KTV的实际，打击其心理防线。 3. 根据甲本人及相关人员银行流水，纠问钱款使用去向，进一步打击其心理防线。 4. 讲清法律规定，阐明违法发放贷款等罪的定罪及处罚标准，讲清其行为的严重危害，彻底打垮其心理防线。

【谈话思路演示表】

被谈话人	谈话要点	取证要点
甲	案涉贷款贷给谁了？	名义上是乙、丙、丁等人，实际上贷款给了我。
	案涉贷款的实际用途是？	用在了我和乙、丙、丁等人共同经营的KTV上。
	案涉贷款有无偿还？	一开始有按期归还利息，但后来由于KTV经营不善、不能产生预期收益等就还不上了。

续表

被谈话人	谈话要点	取证要点
	案涉贷款是信用贷款还是担保贷款？	表面上有房产抵押，其实都是虚假材料。
	案涉贷款是谁批的？怎么批的？	我指使信贷人员违规办理的或者我直接签批的。
	你为什么这么做？	为了用银行的钱来赚钱，暂时挪用以用于KTV经营。

四、定案关键点

1. 本案在定罪上有多种争议，如甲的行为是否构成职务侵占罪。

甲本人供述及相关银行流水可以证明甲套取银行的贷款后起初能够按期归还利息，最终未能归还贷款款项是由于KTV经营不善、不能产生预期收益等，而并非基于其具有非法占有的主观故意，故甲的行为不符合职务侵占罪的犯罪构成。

2. 甲在利用职务便利批贷放款的过程中的违规、作假行为如何证明，有以下几个方面的关键性证据：

一是案涉的信贷员证言，证明甲将贷款材料交给他们并交代已经审核过，不需要再做实地调查，直到贷款逾期后才发现房产材料为虚假。

二是相关的部分名义上的借款人证言，证明他们并未提供过房产材料给银行。

三是相关银行流水，证明贷款款项均已转入甲实际控制的账户。

五、定性结论

甲作为银行行长，利用担任银行行长的职务便利而自批自贷，符合挪用资金罪（农商银行系非国有银行）的犯罪构成。甲安排人员，假借小微企业申贷的名义，伪造相关权证，以欺骗手段取得银行贷款，符合骗取贷款罪的规定情形。同时，甲触犯了违法发放贷款罪。

结合本案的犯罪金额及损失额（均为400余万元），根据竞合犯的处理原则，在法律没有特别规定的情况下，应当按照处罚较重的罪名进行处罚，故对甲应定违法发放贷款罪。

六、认识误区表

错误认识	正确理解
《商业银行法》规定，商业银行不得向关系人发放信用贷款，发放担保贷款的条件不得优于其他人，其中的关系人包括银行和其他金融机构的管理人员和信贷人员。法律条文没有明确"关系人"可以包括"自己"，故本案中甲的行为不符合违法发放贷款罪的犯罪构成。	根据法律的"举轻明重"原则，"向自己放贷"的"自己"也应该在"关系人"的范围之内，违法发放贷款罪的对象是可以包括本人的。虽然法律条文没有明确"关系人"可以包括"自己"，但是，成文刑法具有普遍性，必须以较少的文字网罗极为复杂的犯罪；此外，成文刑法必须适应不断变化的社会生活。本案中甲代表银行发放贷款，系借用他人名义违规发放贷款，套取银行贷款归自己使用，其既是违法借款人，又是违法放贷人。因此，应当认定甲向关系人发放贷款而对其从重处罚。

七、金融背景知识补充

信用贷款与担保贷款：信用贷款是基于借款人的信用状况发放

的贷款，无须提供担保物；而担保贷款则需要借款人提供担保物或第三方担保以降低贷款风险。在该案例中，甲虽然表面上安排了房产抵押，但实际上是虚假材料，属于信用贷款违规操作。

风险管理：银行在发放贷款时，应进行严格的风险评估和管理，包括贷前调查、贷中审查、贷后检查等环节。任何环节的疏忽都可能导致贷款风险的增加。

八、涉案主要法律依据

《中华人民共和国刑法》

第一百八十六条第一、二、三款　银行或者其他金融机构的工作人员违反国家规定发放贷款，数额巨大或者造成重大损失的，处五年以下有期徒刑或者拘役，并处一万元以上十万元以下罚金；数额特别巨大或者造成特别重大损失的，处五年以上有期徒刑，并处二万元以上二十万元以下罚金。

银行或者其他金融机构的工作人员违反国家规定，向关系人发放贷款的，依照前款的规定从重处罚。

单位犯前两款罪的，对单位判处罚金，并对其直接负责的主管人员和其他直接责任人员，依照前两款的规定处罚。

《中华人民共和国商业银行法》

第四十条　商业银行不得向关系人发放信用贷款；向关系人发放担保贷款的条件不得优于其他借款人同类贷款的条件。

前款所称关系人是指：

（一）商业银行的董事、监事、管理人员、信贷业务人员及其近亲属；

（二）前项所列人员投资或者担任高级管理职务的公司、企业和其他经济组织。

第三十二例

沆瀣一气以新还旧
内外勾连以贷养存

一、案情简介

2011年7月18日至2014年2月10日,甲担任A农村商业银行股份有限公司(以下简称A银行)西部开发事业部总经理职务,负责管理西部片区A银行包括B支行在内的三个支行的业务、人事等全盘工作,2013年3月27日至8月6日兼任B支行行长。2013年3月19日,乙、丙派驻A银行西部开发事业部分别担任副总经理、风险执行官职务。2013年3月27日,丁担任A银行西部开发事业部财务执行官,同年8月6日担任总经理助理兼任B支行行长。

2013年4月至2014年2月,甲为落实总行要求尽快清偿B支行不良贷款的任务,避免影响自己的升迁,便与乙商量:由乙负责找有贷款想法的企业在B支行申请贷款,同时还为企业寻找他们认为有真实抵押物的担保者来提供抵押物担保,以便顺利取得贷款后将其中部分款项用于偿还B支行不良贷款,其他部分交由贷款企业使用。

乙将此情况告知该支行客户经理戊(另案处理),戊明知乙找来的贷款企业不符合发放贷款条件，仍配合帮助贷款企业准备虚假的购销合同、财务报表等贷款资料，并出具符合贷款条件的调查报告，隐瞒真相并上报信审会，后发放贷款；先后伙同五家贷款企业的法定代表人，通过提供虚假的购销合同、财务报表的方式，分别获得贷款 1700 万元、1915 万元、950 万元、1560 万元、1900 万元，合计 8025 万元。

与此同时，甲为提高西部片区的存款业绩，完成总行的存款任务，便与副总经理乙、风险官丙、财务执行官丁商量决定：向企业发放贷款后，要求企业将发放的贷款在 B 支行办理存单，用存单质押再贷款后方能使用，以此提高存款业绩。例如，将向 C 公司发放贷款 2000 万元，以 1700 万元存单质押给 D 公司发放贷款 1615 万元；最终，通过"以贷养存"的方式，共计违法发放贷款 6650 万元。

二、办案策略

（一）总体思路

核对资料辨别真伪，谈话了解造假原由，问清主导造假过程，掌握违法放贷实情。

（二）具体措施

1. 调取企业贷款的全部资料，掌握贷款资料造假的证据。

2. 找贷款企业负责人及相关工作人员谈话，询问贷款资料造假的原因，掌握银行工作人员主导材料造假及办理存单质押的真相。

3. 调取信审会记录及调查报告等书证，掌握案涉贷款企业不符合贷款发放条件的证据。

4. 找戊谈话，问清其根据乙的要求寻找贷款企业并配合帮助材料造假及出具虚假调查报告等违法发放贷款实情。

5. 找乙、丙、丁、戊谈话，问清与甲共谋以及办理"以贷转存，存单质押"的具体过程。

6. 根据上述证据，找甲谈话，问清其对贷款企业资料造假及他人共谋，主导"以贷转存，存单质押"的违法行为全过程。

三、心理攻防

【对阵表】

当事人	当事人主要心理状态		办案人员主要攻心策略
	案发前	案发后	
甲	1. 为了尽快偿还不良贷款，只能找些企业多贷出来些钱，企业也能获利，一举两得。 2. 有乙、丙、丁等人配合，加之全行上下都理解，不会出问题。	1. 坚持企业贷款资料都是真实的，即便材料造假也与己无关。 2. 坚称是为了单位利益，并未谋取个人私利。	1. 揪住其岗位职责，纠问B支行不良贷款是如何解决的，攻击其心理防线。 2. 根据已核实掌握的贷款资料造假情况，纠问造假原因，打击其抵赖心理。 3. 根据已掌握的大量B支行工作人员证言，纠问其主导"以贷养存"的目的，打击其抵赖心理。 4. 利用信息不对称优势，纠问与乙、丙、丁共谋情况，瓦解攻守同盟。
乙、丙、丁	1. 按照甲的要求，配合完成贷款发放及"以贷养存"，出了问题由甲负责。 2. 全行上下知情，不会有人提意见。	坚称自己只是按照自身职责并根据甲的指令完成相关工作。	1. 结合其各自岗位职责和经办事项，加大谈话力度，纠问贷款业务虚实，打击其心理防线。 2. 根据已掌握贷款企业人员证言，揭示贷款资料造假及"以贷养存"，打击其抵赖心理。

续表

当事人	当事人主要心理状态		办案人员主要攻心策略
	案发前	案发后	
			3. 利用信息不对称优势，采用"各个击破"方法，打破攻守同盟。

【谈话思路演示表】

被谈话人	谈话要点	取证要点
甲	B支行不良贷款的问题是如何解决的？	我安排乙寻找贷款企业及担保物，准备贷款资料，而后用其中部分贷款偿还之前的不良贷款。
	为什么要采用"以新还旧"的方式解决不良贷款问题？	因为总行要对我追责，没有其他更快捷的办法。
	你是否知道贷款资料造假？	知道，是我让乙想办法的。
	存单质押是否真实？	不真实，其实是"以贷养存"。
	为什么要"以贷养存"？	为了提升业绩。
	"以贷养存"是谁主导的？	是我和乙、丙、丁等人商量决定的。
乙	贷款企业是谁找的？为什么？	是我按照甲的意思找的，为了贷款出来偿还B支行不良贷款。
	你找来的贷款企业是否符合贷款条件？	不符合，我知道他们有贷款的想法，正好利用这个机会贷款出来。
	贷款资料是否真实？	不真实，是戊帮助造假的。
	对于贷款资质与资料造假的问题，甲是否知情？	知道，我都跟他说过，甲表示同意。
	为什么要"以贷养存"？	甲与我和丙、丁商量，为了提升存款业绩。

四、定案关键点

1. 甲、乙、丙、丁四人的供述，证实本案四人的犯罪动机系清偿 B 支行的不良贷款，且 B 支行对贷款人、贷款的使用情况、抵押物、贷款申请材料的真实性均知情。

2. 戊及贷款企业负责人的证言，证实本案贷款的全过程均由银行具有决策权的人员和实际经办贷款的人员操控完成。

3. 案涉贷款企业的贷款申请材料及信审会记录，证实相关贷款材料系虚假，信审会记录存在倒签的情况，案涉贷款企业不符合贷款发放条件。

基于以上证据，可以分析得出如下结论。

首先，案涉贷款的发放并非贷款企业骗取所致，而是 A 银行及 B 支行工作人员违法发放所致。以上几个关键证据配合其他在案证据，可以证明所有的犯罪行为均在银行工作人员主导下进行；虽案涉贷款企业的贷款申请材料均有不真实的情况，但不具有"骗"的客观行为，应当属于"违法发放"的客观表现。

其次，贷款过程中存在的欺骗行为与取得贷款之间并无因果关系。在发放贷款过程中，银行工作人员以银行的名义实施职务行为，其对外代表银行，其行为的结果也应归属于银行。如果仅是信贷员与外界人员相互勾结，共同虚构事实，隐瞒真相，骗取了具有决定权的人或者审议部门的信任，从而导致金融机构发放了贷款，能认定骗取行为与取得贷款之间的具有直接的因果关系；但是如果银行具有决策权的人员或者部门知情，则当然可以认定为金融机构知情，也就是说金融机构不是基于错误认识而发放的贷款，这显然阻却了骗取行为与取得贷款之间的因果关系。

最后，案涉贷款行为侵犯了违法发放贷款罪的客体。骗取贷款罪属于破坏金融管理秩序罪，犯罪客体是复杂客体，包括金融管理秩序和金融机构财产权。违法发放贷款罪侵犯的是国家的金融管理制度，具体是国家的贷款管理制度。从本案看，金融机构从上至下均明知贷款的虚假，明知贷款不按照合同约定使用，不按照规定审批贷款的情况下，仍然发放贷款，该行为本身就从内部违反了国家的金融管理秩序，更重要的是违反了国家的贷款管理制度。

五、定性结论

综合全案证据，从骗取贷款罪的犯罪构成、违法发放贷款罪与骗取贷款罪的社会危害性和立法精神以及本案中发放贷款"以贷养存"的手段过程综合分析，应当认定甲、乙、丙、丁四人构成违法发放贷款罪。

六、认识误区表

错误认识	正确理解
以贷转存，存单质押不违反刑法规定，仅违反了行政法规，亦无刑事惩罚先例，不应当追究刑事责任。即便认定构成犯罪，也应当认定贷款人构成骗取贷款罪。	首先，"以贷养存"不同于普通的存单质押，其方式是金融机构用给贷款企业发放的贷款，形成定期存单回流至该金融机构，以存单质押形式又发放第二笔贷款给其他企业。"贷"是行为，"存"是目的，存在手段与目的的牵连，最终贷款并非第一环节中的贷款企业使用，故贷款企业"骗取"贷款事实不能与金融机构违法发放贷款的事实分割评判。其次，根据"以贷养存"办理的流程，若在办理贷款前就知道贷款后要办理存单质押，那么作为银行工作人员就知道第一个环节中的借款人与最后使用人不一致的情况。若贷款企业采用的虚假贷款材料均是在银行工作

续表

错误认识	正确理解
	人员的指导下修改、制作的，那么实质上不具有"骗"的客观行为，故应整体认定为银行工作人员构成违法发放贷款罪。

七、金融背景知识补充

存单质押贷款是指借款人以贷款银行签发的未到期的个人本外币定期储蓄存单为质押，从贷款银行取得一定金额贷款，并按期归还贷款本息的一种信用业务（也有银行办理与本行签订有保证承诺协议的其他金融机构开具的存单的抵押贷款）。

八、涉案主要法律依据

《中华人民共和国刑法》

第一百八十六条 银行或者其他金融机构的工作人员违反国家规定发放贷款，数额巨大或者造成重大损失的，处五年以下有期徒刑或者拘役，并处一万元以上十万元以下罚金；数额特别巨大或者造成特别重大损失的，处五年以上有期徒刑，并处二万元以上二十万元以下罚金。

银行或者其他金融机构的工作人员违反国家规定，向关系人发放贷款的，依照前款的规定从重处罚。

单位犯前两款罪的，对单位判处罚金，并对其直接负责的主管人员和其他直接责任人员，依照前两款的规定处罚。

关系人的范围，依照《中华人民共和国商业银行法》和有关金融法规确定。

第三十三例

银行违规绕道放款
扰乱监管罪责难逃

一、案情简介

2015年12月，S省银监会批复成立A农村商业银行，并由甲担任该行的董事长。其中，B集团持有A农村商业银行35%的股份，为该行控股股东，而作为B集团法人的乙则担任了A农村商业银行董事和银行风险管理委员会的主任，是该行的实际控制人。

2016年1月至2017年11月，乙为规避法律法规对发放贷款的限制，授意甲以存放同业方式融出资金后借道虚假信托和资产管理计划等"绕道放款"的方式，将A农村商业银行资金转至B集团旗下的19家关联公司（乙另案处理）。因乙系A农村商业银行的大股东，甲在不清楚借款公司基本情况的情形下，就径行通过了相关同业存出业务的审批。后债务到期，因该些公司未按时还款，又以网银直接划拨方式，将资金借贷给该些公司，用于归还该通道款项。截至本案案发，"绕道放款"的钱仍有5.53亿元未归还。

二、办案策略

（一）总体思路

查资金流向，查股权关系，查贷款真伪，定违法放贷。

（二）具体措施

1. 对 A 农村商业银行资金流向情况进行审查，发现大额资金转至 19 家公司问题线索。

2. 调取 19 家公司的工商资料，查阅股权穿透图，掌握该 19 家公司系 B 集团旗下关联公司的证据。

3. 调查信托和资产管理计划真伪，确定"绕道放款"属性。

4. 调取 A 农村商业银行股权穿透图，发现 B 集团为 A 银行大股东的情况。

5. 调查审批放款流程，掌握甲作为董事长签批的证据。

6. 根据上述证据，找甲谈话，迫使其交代根据乙指示违法放贷的事实。

三、心理攻防

【对阵表】

当事人	当事人主要心理状态		办案人员主要攻心策略
	案发前	案发后	
甲	乙是大股东，又是实际控制人，按照乙的要求放贷不会出问题，出了问题由乙负责。	只要坚称向 19 家单位放款是同业业务，并非发放贷款即可。	1. 揪住 19 家银行与 B 集团的关系以及 B 集团与 A 银行的关系，撕掉"遮羞布"，打击其侥幸心理。

续表

当事人	当事人主要心理状态		办案人员主要攻心策略
	案发前	案发后	
			2. 利用"信息不对称"优势,纠问放款的真实原因,迫使其如实交代接受乙指示的实情。 3. 揭示"绕道放款"的实质,彻底打垮其心理防线。 4. 阐明非法放贷的法律规定,澄清法律模糊认识,打消其侥幸心理。
乙	我是实控人,让A银行放贷肯定没问题;甲是董事长,出了事由甲负责,与己无关。	只要坚称自己没有参与放款事宜即可。	1. 围绕B集团与19家银行之间的关联关系,纠问放款的真实目的。 2. 展示"铁证如山",揭示其为A银行实控人,打消其与己无关的抵赖心理。 3. 根据已掌握书证、人证,加大谈话力度,迫使其陈述指示甲违法放贷的实情。

【谈话思路演示表】

被谈话人	谈话要点	取证要点
甲	为什么要向19家公司放款?	乙安排的,乙是实控人。
	乙是如何安排你审批放贷的?	乙告诉我只是走个流程,名义上为信托和资产管理。
	为什么要以信托和资产管理计划放款?	因为直接放贷给19家公司是违法的。
	放款给19家公司的真正目的是什么?	就是放贷给他们。

续表

被谈话人	谈话要点	取证要点
乙	A 银行放款给 19 家公司，这些公司与你什么关系？	他们是 B 集团的关联公司，我是集团法定代表人。
	A 银行为什么要放款给 19 家公司？	我安排的。
	你是如何安排的？	我告诉甲只是走个流程，名义上为信托和资产管理。
	为什么要以信托和资产管理计划为名？	放贷给 19 家银行是违法的，为了掩人耳目。

四、定案关键点

采用存放同业方式融出资金后借道虚假信托和资产管理计划等方式的"绕道放款"行为是否构成违法发放贷款罪，重点在于判断案涉业务的实质是否为发放贷款。具体就本案而言，可以从以下四个方面来看。

1. 乙的供述，证明在 A 农村商业银行的审批流程中，其处于最终审批环节；但是，案涉业务实际操作办理审批环节之前，乙事先安排好相关业务，只是在公司走一个流程，甲签字了就放款。每次放款都是乙指定的账户，因为乙是最大的股东，甲只有按照乙的指示办，所以甲没有审查相关的业务实质便审批通过了。

2. A 农村商业银行的股权穿透图，证明 B 集团持有 A 农村商业银行 35% 的股份，为该行控股股东。

3. B 集团及其 19 家关联公司的股权穿透图，证明 B 集团的实控人为乙，同时与案涉的 19 家公司为关联公司。

4. A 农村商业银行案涉款项的审批资料，证明案涉款项的审批人均为甲。

综上可以看出案涉业务的实质并非同业业务，而是向特定的关联公司发放款项，本质仍是 A 农村商业银行向 B 集团的关联公司发放贷款的行为。

五、定性结论

甲作为 A 农村商业银行的高级管理人员，在乙的指示下，通过存放同业方式融出资金后借道虚假信托和资产管理计划等方式向 B 集团旗下的 19 家关联企业违法发放贷款，其行为违反国家发放贷款相关规定，侵犯了国家的金融管理制度，扰乱了金融管理秩序，数额特别巨大，甲应构成违法发放贷款罪，应当依法制裁。

六、认识误区表

错误认识	正确理解
本案中，甲批准的同业业务属于同业投资而非贷款业务，不应构成违法发放贷款罪。	本案中，案涉业务明面上是同业业务，但是穿透交易的本质后会发现，A 农村商业银行的资金通过虚假信托和资产管理计划形式，实将其资金转移至 B 集团及旗下的关联企业。故其行为不属于同业投资，而是 A 农村商业银行向 B 集团的关联企业发放贷款的行为。

七、金融背景知识补充

根据中国人民银行等联合发布的《关于规范金融机构同业业务的通知》（银发〔2014〕127 号）的定义，"同业业务是指中华人民共和国境内依法设立的金融机构之间开展的以投融资为核心的各项业务，主要业务类型包括：同业拆借、同业存款、同业借款、同业代付、买入返售（卖出回购）等同业融资业务和同业投资业务"。故同业业务是指金融机构之间互为客户或交易对手开展的业务，区别于金融机构向企业和个人客户提供的业务。

存放同业是指商业银行存放在其他银行和非银行金融机构的存款。

八、涉案主要法律依据

《中华人民共和国刑法》

第一百八十六条 银行或者其他金融机构的工作人员违反国家规定发放贷款，数额巨大或者造成重大损失的，处五年以下有期徒刑或者拘役，并处一万元以上十万元以下罚金；数额特别巨大或者造成特别重大损失的，处五年以上有期徒刑，并处二万元以上二十万元以下罚金。

银行或者其他金融机构的工作人员违反国家规定，向关系人发放贷款的，依照前款的规定从重处罚。

单位犯前两款罪的，对单位判处罚金，并对其直接负责的主管人员和其他直接责任人员，依照前两款的规定处罚。

关系人的范围，依照《中华人民共和国商业银行法》和有关金融法规确定。

《中华人民共和国商业银行法》

第四十条 商业银行不得向关系人发放信用贷款；向关系人发放担保贷款的条件不得优于其他借款人同类贷款的条件。

前款所称关系人是指：

（一）商业银行的董事、监事、管理人员、信贷业务人员及其近亲属；

（二）前项所列人员投资或者担任高级管理职务的公司、企业和其他经济组织。

第三十四例

纵容授意虚假借款
资金失控有去无回

一、案情简介

2008年4月至2011年3月，甲在D县N信用社（后改制为D县农村商业银行N支行，以下简称N支行）任信贷员期间，作为贷款风险责任人发放信用贷款时，违反《商业银行法》等相关法律、法规规定，在未对借款人身份、借款实际用途、有无偿还能力、收入情况、还款来源等做严格调查的情况下，明知或授意贷款实际使用人通过他人身份证或户口本冒用或借用借款人身份、虚构借款用途等，违法发放多笔贷款：谢某3万元、叶某3万元、刘某3万元、严某3万元、卜某3万元、田某3万元、孙某2万元、汪某3万元等，计123万元；发放近亲属谢某风6万元、谢某云3万元、谢某月3万元，计12万元；总计135万元。

案发前，费某还本金0.75万元，谢某还本金1.15万元，计1.9万元；案发后，费某还本金2.25万元，谢某还本金1.85万元，吴某还本金3万元，沈某还本金3万元，张某还本金3万元，卜某还本金3万元，等等，计62.73万元；总计64.63万元。

另查明：叶某（2008年度）贷款3万元系其家属办理，刘某贷款3万元系其丈夫办理，费某3万元的贷款系其丈夫办理。

二、办案策略

（一）总体思路

梳理贷款资料，审查贷款手续，发现不实问题，逐一谈话核实，掌握违法证据，定准行为性质。

（二）具体措施

1. 调取N支行贷款项目资料，审查资料真实性、完整性，梳理掌握借款人名单。

2. 逐一找借款人谈话核实，发现实际用款人与借款人不一致及甲向近亲属发放信用贷款的问题线索，同时掌握对于贷款情况是否知情以及与用款人之间的关系。

3. 逐一找实际用款人谈话，了解掌握其冒用借款人的身份证、户口本办理贷款手续的证据，问清有无将贷款情况告知借款人。

4. 核实案涉贷款项目归还情况。

5. 找甲谈话，问清审核贷款资料、发放贷款的过程，掌握甲未严格按照规定审查以及明知或授意用款人冒用借款人身份办理贷款的证据。

三、心理攻防

【对阵表】

当事人	当事人主要心理状态		办案人员 主要攻心策略
	案发前	案发后	
甲	贷款手续齐全，不会被发现借款人与用款人不一致的问题。	1. 坚称自己并不知道借款人与实际用款人不一致，也很难发现，已尽到审查义务。 2. 借款人对于用款人以其身份贷款情况知情，自己不违法。 3. 借款人有在催款通知书上签收，证明已经追认，自己不违法。	1. 抓住借款人与实际用款人不一致，纠问其信贷员职责，打击其心理防线。 2. 根据部分实际用款人证言，揭示明知或授意用款人冒用借款人身份，打击其抵赖心理。 3. 揪住其与部分借款人的亲属关系，打击其狡辩心理。 4. 释法说理，讲清事后追认行为的无效性，打消其侥幸心理。 5. 讲清法律规定，揭示违法发放贷款行为的社会危害，做通思想工作，促使其认罪伏法。

【谈话思路演示表】

被谈话人	谈话要点	取证要点
甲	你任信贷员期间，对于贷款项目的工作职责是什么？	要对用款人、借款人身份、借款用途、偿还能力、收入状况、还款来源进行严格调查。
	你经手的贷款项目有没有借款人与实际用款人不一致的情况？	有的，逐一列举。
	对于上述贷款项目，你有无严格履行调查职责？	没有。

续表

被谈话人	谈话要点	取证要点
	对于借款人与实际用款人不一致的情况你是否明知？	明知，其中有些是我让用款人冒用借款人身份办理的贷款。
	谢某风、谢某云、谢某月跟你是什么关系？	是我的近亲属。
	上述贷款是否已经归还？	总共还了64.63万元，还有一半多点没还。

四、定案关键点

本案中发放贷款的情形分为多种，应当准确评价。

1. 实际用款人在借款人不知情的情况下办理贷款。此种情况下，冒用借款人身份办理贷款，因为缺乏代理权的授予主体要素，自不产生代理权的授予。因此，即便借款人知道实际用款人要办理贷款而给付用款人户口本、身份证，也不属于民事法律行为中的代理行为。

2. 借款人对实际用款人用其身份办理贷款一事知情。此种情况下的贷款行为，鉴于借款人对借款金额、借款时间、借款用途、还款方式、还款主体等关键因素缺乏明确的意思表示，用款人擅自决定，明显超出了代理关系调整的范围；用款人冒充借款人的主体身份办理完整的贷款流程，具有明显的欺诈成分，属于法律绝对禁止的行为；用款人获得款项后，不是交给借款人使用而是自己使用，使得借款人只承担义务而不享有权利，缺乏代理关系中的权利、义务因素。

3. 借款人对实际用款人"贷款行为"进行追认。由于甲在未对用款人、借款人身份、借款用途、偿还能力、收入状况、还款来源进行严格调查的情况下，明知或授意用款人冒用借款人身份办理多笔、大额贷款，致使借款人背负不具有正当理由的债务负担，损害国家利益，充分满足恶意串通类型的无效民事法律行为要求，此类民事法律行为无效的状态已经客观、确定存在，不能通过事后追认加以改变。

4. 借款人（实际用款人）系甲的近亲属。本案中，甲向近亲属谢某风、谢某云、谢某月发放信用贷款的行为，违反了《商业银行法》的禁止性规定，自始属于无效的民事法律行为，当然没有追认权存在的空间。

5. 实际用款人与借款人系夫妻。鉴于夫妻关系是法律拟制出的具有独特性的特别结合关系，基于社会伦理规则的考量，法律规范对夫妻之间的权利义务关系作出了特殊的要求，主要表现夫妻之间特殊的人身依附关系及特别的财产结合关系，这种特殊的权利义务关系，不仅要体现在法律规范中，也要体现在一定社会情事中。

五、定性结论

甲身为金融机构工作人员，违反国家规定向他人发放贷款212.7万元，数额巨大，其行为构成违法发放贷款罪。

六、认识误区表

错误认识	正确理解
行为人发放的贷款中，借款人知道实际用款人要办理贷款而给付用款人户口本、身份证的行为属于民事法律行为中的代理行为，故行为人不构成违法发放贷款罪。	借款人对实际用款人用其身份办理贷款一事，虽有认识，但缺乏必备的代理关系成立的要素：第一，代理权的内容和范围不明；第二，贷款行为并不发生法律效力或效果；第三，贷款后未发生权利、义务的设定。故实际用款人和借款人之间不存在代理关系，也没有代理行为。因此，不影响对行为人违法发放贷款行为的认定。

续表

错误认识	正确理解
行为人发放的贷款中，存在借款人签收催款通知书等对用款人行为的追认，被追认后的贷款行为即属于合法有效的民事行为，因此行为人不构成违法发放贷款罪。	违法发放贷款之后的任何事实、任何人的任何意志都不能使之有效，或使之转变到其他效力状态。借款人签收催款通知书的意志和行为，一方面不符合追认权的表达方式，另一方面当然不能使无效的民事法律行为变为有效。

七、金融背景知识补充

信用贷款是指没有担保、仅依据借款人的信用状况发放的贷款。贷款人发放信用贷款时，必须对借款人进行严格审查、评估，确认其资信具备还款能力。

八、涉案主要法律依据

《中华人民共和国商业银行法》

第四十条 商业银行不得向关系人发放信用贷款；向关系人发放担保贷款的条件不得优于其他借款人同类贷款的条件。

前款所称关系人是指：

（一）商业银行的董事、监事、管理人员、信贷业务人员及其近亲属；

（二）前项所列人员投资或者担任高级管理职务的公司、企业和其他经济组织。

第三十五例

高息诱骗投资理财
放任监管挥霍无度

一、案情简介

甲担任 M 银行 B 分行 H 支行行长期间，自 2013 年至案发，以高息为诱饵，诱骗被害人陈某等人签订虚假的理财产品购买或转让协议，并将购买或受让虚假理财产品的钱款转入其控制的个人银行账户，骗取 147 名被害人共计 27.46 亿余元。甲将骗取的钱款用于购买房产、汽车、奢侈品，向个人、企业支付额外的存款好处费。

乙身为 M 银行 B 分行 H 支行分管个人理财业务的副行长，明知甲向被害人转让的理财产品存在不规范之处，仍帮助甲向被害人推销理财产品，违反规定未将客户资金存入银行理财金账户，并在理财产品转让协议上伪造出让人签名，加盖甲指使 H 支行员工丙（已判刑）伪造的 M 银行 H 支行储蓄业务公章，致使客户资金脱离银行监管。乙参与销售理财转让产品 13.8 亿余元，最终给被害人造成巨额经济损失。

2017 年 4 月 12 日，甲接受 M 银行调查期间，甲、乙指示 H 支行员工删除甲、乙、H 支行员工电脑中涉及虚假理财产品的相关内容数据，转移甲、乙处的虚假理财合同、销售记录和伪造的储蓄业务公章。

案发后，M银行于2017年5月至2019年4月，代为赔付绝大部分被害人的损失。

二、办案策略

（一）总体思路

查清个人财产，调查入账原因，掌握虚假合同，发现帮助行为，问清非法目的，区分定性归责。

（二）具体措施

1. 调取甲本人及家庭成员银行账户交易流水，查清家庭资产情况，掌握甲本人大额收入的证据。

2. 根据甲本人实控的个人账户交易对手情况，调查掌握陈某等人款项转入的情况。

3. 找陈某等人谈话，掌握他们按照甲的要求签订理财产品购买或转让协议以及乙帮助推销的证据。

4. 仔细审查理财产品购买或转让协议内容，发现出让人签名及H支行储蓄业务公章造假的问题线索。

5. 找丙谈话，问清受甲指使伪造H支行储蓄业务公章的具体过程。

6. 找乙谈话，问清帮助推销理财产品、将客户资金存入甲提供的个人账户、伪造出让人签名、加盖伪造公章以及事后毁灭证据的情况。

7. 根据上述证据，找甲谈话，问清诱骗被害人陈某等人购买理财产品，占有被害人财产的非法目的及钱款使用去向，核实指使乙、丙的行为。

三、心理攻防

【对阵表】

当事人	当事人主要心理状态		办案人员 主要攻心策略
	案发前	案发后	
甲	1. 不向任何人讲理财产品虚假的情况，比较安全。 2. 对于资金按惯例转入过渡账户，乙不会有异议。 3. 有出让人签名以及支行公章，出资人不会发现有问题。	坚称H支行一直做理财转让就是客户存款账户之间互转，而不是通过理财金账户的互转。	1. 抓住理财产品购买或转让协议为虚假，揭露其行为诈骗本质，打击其抵赖心理。 2. 纠问其本人及家庭大额资金来源，揭示其非法占有目的，打击其抵赖心理。 3. 揪住支行储蓄业务公章系伪造，结合丙的证言，打击其侥幸心理。 4. 讲清法律规定，揭示其行为性质，迫使其认罪伏法。
乙	1. 尽管客户资金没有按规定转入理财金账户，但这是惯例，不会出问题。 2. 公章造假是丙所为，自己不会被追责。 3. 甲是支行领导，自己只是正常履行职责，出了事与己无关。	1. 坚称通过过渡账户吸收客户资金符合常规，并不违规。 2. 坚称自己并不知道公章造假。	1. 抓住《M银行理财产品转让管理细则》，结合客户资金没有进入理财金账户的事实，打击其心理防线。 2. 揪住其加盖公章行为，结合丙的证言，揭示其明知公章伪造，打击其侥幸心理。 3. 揭露甲诈骗行为本质，结合被害人巨大损失，促使其自我反省。 4. 释法说理，讲清吸收客户资金不入账的危害性，澄清其错误认识，使其认罪伏法。

【谈话思路演示表】

被谈话人	谈话要点	取证要点
甲	购买房产、汽车、奢侈品是哪来的钱？	是客户购买或受让理财产品的钱。
	什么理财产品？为什么资金会到你的手里？	与客户签订虚假的理财产品购买或转让协议，我让他们将钱款转入我控制的个人银行账户。
	客户购买或受让理财产品的钱按规定应当转入哪里？	应当转入理财金账户。
	上述理财产品购买或转让协议中的出让人签名及支行业务公章是否真实？	上述协议中的出让人签名是我让乙伪造的，支行储蓄业务公章是我让丙伪造的。
	对于你编造虚假理财产品的事情，乙、丙是否知情？	不知情，我没告诉他们任何人。
	涉及虚假理财产品的相关内容数据、协议文本、销售记录和伪造的公章都在哪里？	我已让乙安排人把这些内容都删除、销毁了。
乙	案涉理财产品交易资金为什么进入了过渡账户？	是甲要求的，实际上一贯都是这样操作的。
	客户购买或受让理财产品的钱按规定应当转入哪里？	应当转入理财金账户。
	上述理财产品购买或转让协议中的出让人签名及支行业务公章是否真实？	不真实，出让人签名是我伪造的，我也知道支行业务公章是丙伪造的。
	你为什么要实施上述伪造签名、加盖伪造公章以及帮助甲推销产品等行为？	为了完成我的工作业绩。
	对于甲虚构理财产品的事实，你是否知情？	并不知情，我一直以为有真的理财产品。

四、定案关键点

1. 被害人陈某等人的银行开户资料及交易流水，结合陈某等人证言，证实涉案资金转入了陈某等人在 M 银行开立的银行账户，但这些账户均在甲的控制之下，完全脱离了 M 银行的实际控制，甲将客户的钱款据为己有。

2. M 银行总行资产管理部下发的《M 银行理财产品转让管理细则》规定，理财产品转让必须通过银行理财系统而非存款系统进行资金划转；从接收方的理财金账户转到转出方的理财金账户，而非普通存款账户直接划转；原始理财客户的名称变更为受让方。也就是说，客户资金没有进入法定账户，必然会影响银行法定账目的记载。

3. 乙本人供述，证实在发展的后期，随着理财转让产品规模的扩张，乙急于完成销售任务，不仅定期向甲索要中间过渡账户，而且主动去找过渡账户，乙对资金没有打入甲所谓的真实转让人账户是明知的。

4. 甲本人供述，结合交易资金监管协议及 H 支行储蓄业务公章，证实甲以 M 银行总行的名义与被害人签订交易资金监管协议，谎称在理财产品到期前由 M 银行总行对理财产品原持有人接收转让资金的账户进行冻结，并加盖伪造的 H 支行储蓄业务公章，乙对公章伪造情况知情。

5. H 支行员工证言，证实受甲、乙指示删除乙及员工电脑中涉及虚假理财产品的相关内容数据，转移甲、乙处的虚假理财合同、销售记录和伪造的储蓄业务公章。

以上关键性证据配合其他证据，相互关联，可以证明甲、乙实施了吸收客户资金不入账的行为，甲还实施了合同诈骗行为。

五、定性结论

甲、乙身为银行工作人员，吸收客户资金不入账，数额特别巨大，且造成特别重大损失，二人的行为均已构成吸收客户资金不入账罪；同时甲以非法占有为目的，冒用他人名义签订合同，骗取对方当事人财物，数额特别巨大，其行为又构成合同诈骗罪；鉴于甲的吸收客户资金不入账罪与合同诈骗罪存在手段行为与目的行为的牵连关系，应从一重罪处罚，故仅以合同诈骗罪追究其刑事责任。

六、认识误区表

错误认识	正确理解
行为人虚设理财产品，利用银行行长的职务便利，对客户转入银行的资金进行控制使用，并非诈骗理财客户，银行赔付了理财投资人的损失，银行才是实质的被害人。因此，应当认定行为人利用职务便利造成单位损失，构成职务侵占罪并非合同诈骗罪。	一要看客户投入资金的归属。由于不存在真实理财产品，尽管客户资金进入银行账户，但实质上仍在行为人的绝对控制下，客户丧失了对资金的占有，资金脱离了银行的实际控制，不能认定为银行的财物。 二要看利用职务便利的作用。行为人开立他人账户、指使下属违规转账等行为，确系利用职务便利，但是实施合同诈骗的手段。利用职务便利并不排斥合同诈骗罪。
尽管行为人按照领导要求，积极实施了虚假理财产品推销、合同制作等帮助行为，但由于上级领导向所有人隐瞒了理财产品系虚假产品，因此要求行为人质疑理财产品的真实性没有期待可能性，行为人不构成犯罪。	尽管行为人对于理财产品的真实与否并不知情，故不能认定行为人构成合同诈骗罪的共犯，但鉴于行为人对于吸收客户资金没有进入法定账户明知，且对后续资金走向采取放任态度，应当认定行为人构成吸收客户资金不入账罪。

七、金融背景知识补充

保本浮动收益型理财产品是指保证本金不受损失，但收益可能根据市场情况而变动的理财产品。在这类产品中，银行会承诺保障本金安全，但不对收益率做出保证。

八、涉案主要法律依据

《中华人民共和国刑法》

第一百八十七条第一款 银行或者其他金融机构的工作人员吸收客户资金不入帐，数额巨大或者造成重大损失的，处五年以下有期徒刑或者拘役，并处二万元以上二十万元以下罚金；数额特别巨大或者造成特别重大损失的，处五年以上有期徒刑，并处五万元以上五十万元以下罚金。

第二百二十四条 有下列情形之一，以非法占有为目的，在签订、履行合同过程中，骗取对方当事人财物，数额较大的，处三年以下有期徒刑或者拘役，并处或者单处罚金；数额巨大或者有其他严重情节的，处三年以上十年以下有期徒刑，并处罚金；数额特别巨大或者有其他特别严重情节的，处十年以上有期徒刑或者无期徒刑，并处罚金或者没收财产：

（一）以虚构的单位或者冒用他人名义签订合同的；

（二）以伪造、变造、作废的票据或者其他虚假的产权证明作担保的；

（三）没有实际履行能力，以先履行小额合同或者部分履行合同的方法，诱骗对方当事人继续签订和履行合同的；

（四）收受对方当事人给付的货物、货款、预付款或者担保财产后逃匿的；

（五）以其他方法骗取对方当事人财物的。

第三十六例

利令智昏出具保函
平添巨债连带偿还

一、案情简介

甲系S省B县农村商业银行（以下简称B银行）党委书记、董事长。

2015年年初，S省C实业有限公司（以下简称C公司）面临一项房地产项目的资金紧张问题。由于项目特性与国家相关贷款政策不符，C公司无法通过正常申请渠道从银行获得贷款。为了解决资金问题，2015年4月，C公司法定代表人乙通过融资中介介绍，决定采用非标准化债权资产方式筹集4亿元资金。随后，乙通过某投资公司将C公司的房地产项目包装为4亿元的理财产品，并以此寻求S省某农商银行和H省某农商银行的投资。两家银行均要求C公司为该4亿元理财产品提供相应的担保，乙遂找到时任B银行党委书记、董事长的甲，希望甲能够帮忙让B银行为该4亿元理财产品出具保函提供担保。同时，乙承诺按照保函金额的2%给予甲好处费。

在利益的驱使下，甲在明知B银行经营范围不包括出具融资性保函的情况下，未通过调查审核，未经集体研究，私自决定以 B 银行的名义出具了乙所需要的 4 亿元融资性保函。事成后，甲收到了 800 万元的好处费（另构成非国家工作人员受贿罪，本案例不再对该罪名进行分析）。

后 C 公司无力支付 4 亿元理财产品本金及收益，致使 B 银行承担连带偿还责任（截至案发，该案已进入法院审理过程中）。

二、办案策略

（一）总体思路

抓住连带责任，调查保函出具，查清违规越职，还原事实经过。

（二）具体措施

1. 调取案涉 B 银行承担连带偿还责任的民事案件相关资料，掌握 B 银行出具融资性保函的线索。

2. 调取 B 银行的公司章程、银监部门对涉案金融机构经营范围的批复，发现 B 银行不具备出具融资性保函的资质。

3. 调取 B 银行全部会议资料及相关工作人员证言，证实为 C 公司出具保函并未经过集体研究，为甲擅自决定。

4. 找乙谈话，核实其请托甲为 C 公司出具融资性保函的经过，同时掌握给甲好处费的情况。

5. 找甲谈话，问清其违规为 C 公司出具融资性保函的动机目的、具体过程及事后收取好处的情况。

三、心理攻防

【对阵表】

当事人	当事人主要心理状态		办案人员主要攻心策略
	案发前	案发后	
甲	1. 可以找到提前终止 E 号理财产品的理由，我能说服大家相信，不会有人反对。 2. 银行备付金只是挪用一下，及时归还，不会被发现问题。	1. 备付金的使用是经领导集体研究决定的。 2. 备付金用在了兑付 E 号理财产品，并非"为个人使用"。 3. 挪用行为未导致公款处于风险之中，备付金最终安全归还。	1. 抓住 E 号理财产品不符合提前兑付条件，纠问其坚持终止该理财产品的真实目的，打击其心理防线。 2. 抓住银行备付金被挪用的事实，加大谈话力度，不断加大心理压力。 3. 揪住其任银行副行长，在挪用备付金上起到的主导作用，揭示其为个人使用的目的，打击其抵赖心理。 4. 深入剖析银行备付金被用于兑付理财产品与甲、乙等人获利之间的因果关系，打击其抵赖心理。 5. 深入剖析被挪用备付金实际支付给个人的事实，纠正其错误认识，打击其侥幸心理。 6. 讲清法律规定，阐明挪用公款行为的严重后果，彻底打垮其心理防线。

【谈话思路演示表】

被谈话人	谈话要点	取证要点
甲	E号理财产品是否符合终止条件？为什么要提前兑付？	不符合终止条件，提前兑付是为了设立收益更高的理财平台用于投资"B证券"。
	你如何安排提前兑付事宜的？	在专题会议上否决了银行风控部门的意见；在行长办公会上，虚构"B证券"存在较大风险。
	提前兑付E号理财产品的资金来源？	挪用了银行备付金。
	具体如何安排挪用银行备付金的？	我指示A国有银行的相关工作人员审批或具体经办。
	备付金有无归还。	归还了，银行将持有的"B证券"的收益权转让给F信托公司另行设立的信托计划，用该信托计划募集的资金归还了备付金。
	你（们）有无获利？	我（们）认购了信托计划下的进取级产品，到期兑付后获利了。
	你们是如何商议此事的？	（共谋的过程）

四、定案关键点

关于违规出具金融票证罪，定案关键点在如下三个方面。

（一）B银行是否有出具融资性保函的资质

出具融资性保函属于担保业务，根据《商业银行法》的相关规定，商业银行经营范围由商业银行章程规定，报国务院银行业监督管理机构批准。

通过调取B银行的公司章程、银监部门对涉案金融机构经营范围的批复，可以发现 B 银行属于商业银行，其公司章程中并未规定其可以从事融资性担保业务的相关内容，而且银监部门也未批准其开展该项业务。因此，B 银行不能向任何公司出具融资性保函。

（二）甲是否超越职权令 B 银行出具融资性保函

在 B 银行无资质出具融资性保函的情况下，甲作为 B 银行的党委书记、董事长，更无权让 B 银行出具融资性保函，但是甲为了一己私利，瞒天过海，私自决定以 B 银行的名义为 C 公司出具了融资性保函，属于超越职权行为。

通过调取 B 银行行长会议、专题会议等资料，发现并没有任何关于为 C 公司开具融资性保函的会议资料，可以证明该事项并未进行集体研究。

（三）甲的行为与 B 银行的实际损失有无因果关系

截至案发，C 公司无力支付 4 亿元理财产品本金及收益，S 省某农商银行 1 亿元本金及收益由 C 公司开发的房地产项目资产逐步偿还，H 省某农商银行已就 3 亿元本金及收益偿还问题起诉 B 银行，案件处于法院审理阶段。

如果甲严格遵照 B 银行公司章程的规定，在其职权范围内对出具保函的行为进行严格审查、集体讨论、对风险进行评估，B 银行就不会作出为 C 公司出具保函的决定，也无须承担巨额债务的连带偿还责任。因此，甲的行为与 B 银行的实际损失具有因果关系。

五、定性结论

甲作为商业银行工作人员，违反规定，为他人出具融资性保函，情节特别严重，构成违规出具金融票证罪。

六、认识误区表

错误认识	正确理解
本案中，尽管甲超越职权私自让B银行出具保函，但由于B银行无出具融资性保函的资质，那么也就不能构成犯罪。	本案中，尽管B银行不具有出具融资性保函的资质，但是其作为银行类金融机构，其出具保函的行为与其经营业务范围紧密相关，且难以为善意第三人所明知，其超越职权出具保函的行为，不仅破坏了金融交易安全、银行信用，也给银行资金带来巨额损失风险，侵害了违规出具金融票证罪所保护的法益。

七、金融背景知识补充

非标准化债权资产是指未在银行间市场及证券交易所市场交易的债权性资产，包括但不限于信贷资产、信托贷款、委托债权、承兑汇票、信用证、应收账款、各类受（收）益权、带回购条款的股权性融资等。

八、涉案主要法律依据

《中华人民共和国刑法》

第一百八十八条 银行或者其他金融机构的工作人员违反规定，为他人出具信用证或者其他保函、票据、存单、资信证明，情节严重的，处五年以下有期徒刑或者拘役；情节特别严重的，处五年以上有期徒刑。

单位犯前款罪的，对单位判处罚金，并对其直接负责的主管人员和其他直接责任人员，依照前款的规定处罚。